술래의 순례

술래의 순례
박창호 자전에세이

초판 인쇄 | 2012년 3월 25일
초판 발행 | 2012년 3월 31일

지은이 | 박창호
펴낸이 | 신현운
펴는곳 | 연인M&B
기　획 | 여인화
디자인 | 이수영 이희정
마케팅 | 박한동
등　록 | 2000년 3월 7일 제2-3037호
주　소 | 143-874 서울특별시 광진구 자양로 56(자양동 680-25) 2층
전　화 | (02)455-3987　팩스 | (02)3437-5975
홈주소 | www.yeoninmb.co.kr
이메일 | yeonin7@hanmail.net

값 12,000원

ⓒ 박창호　2012 Printed in Korea

ISBN 978-89-6253-113-8 03810

　이 책은 연인M&B가 저작권자와의 계약에 따라 발행한 것이므로 본사의 허락 없이는 어떠한 형태나 수단으로도 이 책의 내용을 이용하지 못합니다.
　잘못된 책은 바꾸어 드립니다.

박창호 자전에세이

삶의 숱한 질곡을 통과하노라니 어느덧 가슴이 안온하게 놓여나고 눈초리가 뭉 긋해지는 것이었다. 아름다움은 눈에 고운 것이 아니었다. 반짝이는 것만이 아름 답지는 않았다. 풀잎 끝에 섭리가 비치고 있었고 항간(巷間)에서 진리가 읽혔다. 예사롭고 여상스러운 하나하나에 삶의 비의(秘意)가 서려 있었다.

연인M&B

| 책머리에 |

  세월은 흘렀다. 영원히 흐를 것이다.
  만 여든한 해의 삶에 세속적 성취의 퇴적이야 높이 올라간 것은 아니지만, 다른 이의 눈에 눈물 흐르게 하지 않고 꾸려 온 삶이었으며, 무릎 밑의 네 아이 또한 어디 손 벌리지 않고 살고 있으니 훌륭히 자립시켰다고 하겠다. 그러니 돌올(突兀)한 탑만이 어찌 위대하다 할 것인가. 제국주의 일본 강점기에 경상북도 북부 산간의 두메에서 태어나 굽이굽이 간난을 헤쳐 나오고 신산(辛酸)에 젖노라니 굽이마다 한숨이요 눈물이었다. 그 모든 것은 돌아보면 그야말로 아무것도 아니다. 그러나 나로 하여금 이맛살을 찌푸리게 만드는 회한이 어찌 없겠는가. 고혈압 연관 질병을 크게 앓은 탓도 있어 참작의 여지가 크다고는 하나, 밖으로는 태생(胎生) 날래고 외향적이지 못했던 데다가 안으로는 박학소식(薄學少識)했던 탓이리라. 그러니 한숨이나 토하랴? 아니다. 모든, 허락된 시간들을 제대로 경영하리라는 생각으로 하루하루, 한순간 한순간에 온 힘을 다해 매진하고 있다.

나는 우리가 간직해야 할 기억의 세보(世譜)를 남기고자 한다. 그런 만큼, 현격히 흐려진 기억이 이루 말할 수 없이 아쉽다. 잎이며 잔가지들이 다 떨어져 나간 겨울나무처럼 앙상한 기억을 더 늦기 전에 문자로써 고정해 놓으려 한다.

내가 세상에 남긴 생명들, 그리하여 그들의 무릎 밑에 또한 돋은 삶들이 이 글월의 핵심(!) 독자가 될 터이다. 살아가노라면 하루하루가 분망한 시절에는 형제 남매가 연중에 한 번 만나기도 힘들 것이다. 각자의 도생(圖生)에 갇혀 허우적거리다 보면 소통에도 녹이 슬어 급기야 서로가 남만도 못해지는 갈등을 낳을 수도 있을 것이다. 바야흐로 모든 면에서 전도(顚倒)되어 가는 삶이, 양팔에 아이들의 머리를 뉘고 옛이야기를 들려주는 낙낙함을 아예 허락하지 않을지도 모를 일이다. 그런 상실일랑 없는 삶이라면 더할 나위 없을 일이겠으나, 문득 그 상실이 자각될 때면 이 글월에 손을 뻗쳐보기 바란다. 모호하기만 했던 생의 좌표가 읽힐 것이다. 그러나 이 글월에 갇혀서는 안 될 일이다.

2012년 3월
저자

차례 Contents

책머리에 _ 04

제1부 | 역정 만 리(歷程萬里)

세상에 오고 _ 11
배우고 배우리라 _ 13
전쟁 속에서 _ 21
교직, 그 숙명의 길 _ 25
솔가 실기(率家實記) _ 41
가슴 아파라…… 아버지, 어머니 _ 68

제2부 | 사랑하였으므로 행복하였네라

그리운 아들에게 _ 79
아버지 어머니, 보십시오 _ 89
사랑하는 아우들에게 _ 99
보고 싶은 형, 보고 싶은 오빠 _ 115

제3부 | 삶의 방점(傍點)—지구촌을 살짝 들여다보다

하와이 _ 173
뉴질랜드와 오스트레일리아 _ 175
유럽 _ 177
캐나다 _ 180

제4부 | 황혼 단상(黃昏斷想)

나는 경작한다 _ 195
건강 만세 _ 198
황혼의 성묘 _ 200
사우(思友), 한 두메 한 학교 _ 202
기담(奇談) 하나—호소하는 숟가락 _ 204

제5부 | 나를 기다리고 계신 그분께 내 뺨을 기대니

기적의 사고, 사고의 기적 _ 209
대문자로 새로이 연 삶—예수 스승께 문을 열어 드리다 _ 220
우리는 순례자 _ 223

책끝에 _ 229

제1부

역정 만 리(歷程萬里)

　분투 속에 일등으로 국민학교를 졸업하였으나 빈한한 형편이 형편인지라 중학교에 가겠다는 말을 차마 할 수가 없었다. 아버지 어머니를 생각하면 그리해서는 안 될 일이었다. 그렇게 제 앞길을 스스로 막는 효심보다는 좀 더 멀리 볼 수는 없었느냐고, 잠시 고생시켜 드리지만 더 잘되는 길을 택하는 것이 진정 효심 아니었겠느냐고 아내는 지금도 이야기하곤 한다. 아닌 게 아니라 이 "유다른" 효심 때문에 훗날 이십 대 초반에 나는 또 한 번 결정적인 선택을 하고야 마는 것이다.

분투 속에 일등으로 국민학교를 졸업하였으나 빈한한 형편이 형편인지라 중학교에 가겠다는 말을 차마 할 수가 없었다. 아버지 어머니를 생각하면 그리해서는 안 될 일이었다. 그렇게 제 앞길을 스스로 막는 효심보다는 좀 더 멀리 볼 수는 없었느냐고, 잠시 고생시켜 드리지만 더 잘되는 길을 택하는 것이 진정 효심 아니었겠느냐고 아내는 지금도 이야기하곤 한다. 아닌 게 아니라 이 '유다른' 효심 때문에 훗날 이십 대 초반에 나는 또 한 번 결정적인 선택을 하고야 마는 것이다.
 농협에 다니던 종형(從兄)의 주선으로 농협에 들어가 곡물 검사 등속의 일을 하기도 했는데 그나마 임시직이었다. 살림을 도와야겠다는 생각에, 이어 목탄차—오늘날의 트럭이라고 할—조수로 들어갔다. 그런데 국민학교를 갓 나온 소년에게 이것이, 힘든 것도 그렇지만 도무지 앞날이 보이는 일이 아니었다. 몇 달 만에 그만두고 집으로 들어와 농사일을 돕기 시작했다. 가쁜 숨과 흥건한 땀의 시간이 무심히 흐르고 있었다.

세상에 오고

나는 경상북도 봉화군 봉성면 배골에서 태어났다. 배골[梨洞]은 봉성 서쪽에 있는 촌락으로 마을이 개척될 때 배나무가 많았던 곳이어서 그렇게 불렸다고 전한다. 혈족이 원래 충청북도 영동, 옥천 지방에 살았는데 증조부가 경상북도 봉화군 상운면으로 옮겨 왔다고 한다.

내 생일은 1931년 4월 15일로 기록되어 있지만, 실제로 난 날과는 한 달 가량 차이가 난다. 아버지 어머니가 다 계셨고 형 둘과 여동생 둘 사이의 셋째였다. 맏형은 일본군에 강제 징집되어 갔다가 두 해쯤 뒤 해방과 함께 무사히 돌아와서 경찰에 투신했다. 동생들과 달리 워낙 헌헌(軒軒)한 용모여서 이웃들이 우리 집 자식이 아니라는 농을 할 정도였다.

아버지는 단 두 형제의 작은아들로서, 논 세 마지기에 밭 다섯 마지기의 빈농이었다. 봉제사(奉祭祀)하는 큰아들이라고, 상당했던 집안 재산의 대부분이 큰아들에게 물려진 것이었다. 아버지는 이리도 애옥한 살림을 조금이라도 펴 보고자 다른 사람의 논 세 마지기를 소작 부치셨다.

그렇게 하루하루가 숨 가쁘고 고단하던 삶이 아이들이라 해서 어디 봐주는 법이 있었겠는가. 학교에 들어가기도 전에 나는, 감자를 쪄 점심 준비를 해서 이고 바로 아래의 서너 살배기 누이동생을 업고서는 멧골―산골짜기라는 말이다―의 논밭에서 땀 흘리고 있을 아버지 어머니에게 꼬불꼬불 산길을 밟아 가곤 했다.

어린 오라비의 등에서 자꾸만 흘러내리는 누이는 부스럼으로 머리가 빤한 곳이 없다시피 했던 아기였다. 진물이 흐르는 상처에 파리 떼가 그악스레 달려들어도 엄마에게 안겨 젖을 문 누이의 얼굴은 그지없이 평화로웠다. 이른 해도 더 된, 아득한 시절의 기억이지만 여전히 가슴이 아리다.

배우고 배우리라

 인근에 봉성국민학교가 있어 아홉 살에 입학했는데, 제국주의 일본 치하인지라 교장은 일본인이었고 교사 중에는 조선인도 있었다. 우리는 날마다 신사 앞에 나아가서 "메이에이게끼메쓰[米英擊滅]!" 하고 외쳐야 했다. 일 학년 담임은 김○○이란 이로 우리 집에서 하숙하고 있었다. 점심시간에 담임선생님이 펼쳐 놓는 '벤또'에서 날아와 박히는, 계란 노른자의 그 샛노란 빛깔이라니! 어려운 시절, 어린 마음에 얼마나 먹고 싶던지. 우리의 궁핍을 생각하면 아버지가 어머니가 선생님에게 표한 최선의 공경 아니었겠는가 말이다.

 일 학년의 어느 날 '조선어' 시험을 치렀는데 여느 경우와 다름없이 백 점이라는 훈장을 단 내 시험지가 교실 뒤편의 게시판에 붙었다. 그런데 그게 그만 사달을 내고 말았다. 같은 학급의 명숙이라는 아이가 담임선생님에게 내가 부정행위를 저질렀다고 쏘삭거린 것이다. 선생님이 와서 내 책상을 살핀 즉 아닌 게 아니라 답과 한 자도 다르지 않은 글자들이 그 위에 빼곡히 새겨져 있었던 것이다. 지금이야 물자가 풍부한 데다 품질이 좋기까지 하니 그런 일이 없겠지만 당시의 연필이라는 것이 침을 묻혀서 꼭꼭 눌러서 써야 거무레한 자취를 알아볼 만한 형편이었던 데다가, 시험에 임하는 어린아이의 긴장이 연필 쥔 손에 더욱 힘을 주게 하였을 것은 뻔한 이치 아닌가. 그러니 답과 똑같은 내용이 책상에 새겨져 있을밖에. 그런데 어린아이에게 그 무슨 예지(豫知)의 신통력이라도 있다고 믿은 것인지 내가 미리 책상에 답을 다 적어 놓았다는 것이다.

결백을 호소해 봤자 소용없는 일이었다. 선생님은 나를 교단으로 불러내어 벌(!)을 주기 시작했다. 교단—교탁이 아니라 교단이었다!—을 들더니 그 밑에 나를 집어넣고 밟는 것이다. 있지도 않은 일을 실토하라고 연신 윽박질러 댔지만, 내가 부정행위를 하지 않았다는 것이 진실임에야! 어린 나이에 어울리지 않게 나는 진실을 움켜쥐고 그 무지막지한 폭력을 끝까지 견뎌 냈다(이러한 기질은 훗날 손자들에게서도 확인하게 된다.).

참으로 억울하고 슬펐지만, 어린 시절에도 입이 무거웠던 나는 집에서도 아무 말 하지 않았다. 내 시험지는 영점으로 고쳐진 채 게시판에 그대로 붙어 있었다. 며칠 뒤 선생님이 자진하여 아버지 어머니에게 그 일을 밝혀 사과하고 시험지는 다시 백점으로 돌아갔다. 그런들 상처를 입을 대로 입은 어린아이에게 과연 무슨 소용이랴. 그 어린아이들이 중년이 된 훗날, 그 선생님이 어느 동창생에게 그 이야기를 하며 내게 참으로 미안하다고 하더란다. 일의 시초에 조금이라도 자신이 정당했다면 그 일이 그토록 선명히 기억에 새겨졌을까? 선명한 기억이란 대개 고통이 아니면 부끄러움이다. 부끄러움은 양심이라는 이름을 가진, 신의 눈길이다. 부끄러운 무언가가 애초에 개입되었던 탓에 그리도 선연히 의식에 남은 것은 아닐지.

바야흐로 인간사의 희비극이 그렇게 내 앞에 펼쳐질 것이었다.

분투 속에 일등으로 국민학교를 졸업하였으나 빈한한 형편이 형편인지라 중학교에 가겠다는 말을 차마 할 수가 없었다. 아버지 어머니를 생각하면 그리해서는 안 될 일이었다. 그렇게 제 앞길을 스스로 막는 효심보다는 좀 더 멀리 볼 수는 없었느냐고, 잠시 고생시켜 드리지만 더 잘되는 길을 택하는 것이 진정 효심 아니었겠느냐고 아내는 지금도 이야기하곤 한다. 아닌 게 아니라 이 '유다른' 효심 때문에 훗날 이십 대 초반에 나는 또 한 번 결정적인 선택을 하고야 마는 것이다.

농협에 다니던 종형(從兄)의 주선으로 농협에 들어가 곡물 검사 등속의 일을 하기도 했는데 그나마 임시직이었다. 살림을 도와야겠다는 생각에, 이어 목탄차―오늘날의 트럭이라고 할―조수로 들어갔다. 그런데 국민학교를 갓 나온 소년에게 이것이, 힘든 것도 그렇지만 도무지 앞날이 보이는 일이 아니었다. 몇 달 만에 그만두고 집으로 들어와 농사일을 돕기 시작했다. 가쁜 숨과 흥건한 땀의 시간이 무심히 흐르고 있었다.

갈아먹노라니 몇 마지기 되지 않는 빈농인 우리네 같은 사람보다 더 없는 사람들은 남의 집에서 일꾼을 살았다. 그런 사람들 중 우리 집에서 농사를 거들던 '먹보 영감'이라는 이가 있었는데, 그이가 아버지에게, 명석한 아이를 저리 썩힐 거냐고, 어떻게든 상급학교에 보내 공부를 이어 가게 하지 않고 뭣하고 있는 거냐고 강력하게 권면했다고 한다. 그것이 아버지의 마음을 움직여, 나는 봉화읍에 있는 봉화농림중학교에 남보다 세 해나 늦게 진학하여 공부를 이어 가게 되었다.

아버지는 소달구지 하나를 장만하셨다. 봉화 장날이면 장꾼들의 짐을 날라 주고 삯을 받아 내 학비를 충당하시려는 것이었다. 나는 아버지가 이웃에게서 사 준, 낡은 중고 자전거로 꼬불꼬불 오르락내리락 삼십 리는 족히 될 길을 통학했다. 함께 진학하게 된, 외삼리에 사는 동갑내기 친구 박주식 군이 종종 그 길을 동행하기도 했다. 재를 내려가는데 브레이크가 듣지 않아 실로 살인적인(!) 속도로 내려가 재 아래에 처박히고 만 일도 있었다. 고단한 나날이었지만 아버지 어머니를 생각하면 열심히 공부하지 않을 수 없었다. 그리고 역시 일등을 차지함으로써 많은 이들의 인정을 받게 되었고, 그것은 아버지 어머니가 고된 삶의 시름을 조금이라도 잊게 해 드리는 일이기도 했다.

　힘든 통학을 하지 않아도 되는, 육신이 안락한 시기도 있기는 했다. 당시로서는 지역의 일류 부자인 '내성여관'('내성'이란 봉화읍의 속칭으로 봉화읍에 있는 토성의 이름에서 유래했다. 성의 형태가 '乃'자와 비슷해서 그 이름이 지어졌다.)의 주인이 나를 집에 들여서 나와 동급생인 자기 아이를 가르치며 공부하게 했던 것이다. 요즈음 말로 '입주 가정교사'라고나 할지. 한 해 가량 그 집에서 살았던 듯하다.

　그렇게 중학교 생활을 어찌어찌 헤쳐 가노라니 진학 문제가 또 닥쳐오는 것이었다. 공부는 하고 싶고 형편은 여전히 어렵고. 산 넘어 산이었다. 그런데 이번에도 밖에서 빛이 비쳐 들었다. 아버지의 벗으로 이기완 씨라는 이가 있었는데, 총포를 갖추어 사냥을 하는 등 참 부유했던 사람으로 나는 기억한다. 그이가 아버지에게 나를 사범학교에 보내라고 권했다. 산업이라고 해 봐야 농업이 다인 신생 후진국 사회에서 교사라는 직업은 미상불 꽃이었으니, 지금의 교육대학인 사범학교는 수재들이 모이는 곳이었다. 그리하여 나는 그 어렵다는 안동사범학교에 진학했다. 힘겨운 농사일에 허덕이시면서도 아버지는 달구지 일을 놓을 수가 없었다.

　봉제사(奉祭祀)하는 큰아들이라고 모든 재산을 물려받아 아버지와 달리 부유한 큰아버지가 그전에 안동의 '마뜰'이라는 곳에 사 놓은 집이 있었는데, 전쟁 중이라 폭격을 맞아 지붕만이 아니라 상

인방(上引防) 위로는 거의 날아가 버린 채 비어 있었다. 이런 집이니 그리 어려운 일은 아니었을 성싶지만 어쨌든 큰아버지는 어렵잖게 호의를 베풀었다. 이번에도 함께 진학한 박주식 군과 나, 두 약관(弱冠)은 그곳에 거처를 마련하고 공부에 돌입했다. 어찌어찌 눈비를 가리는 것은 공부 앞에서는 문제도 아니었다. 후에 학교 인근인 명륜동으로 거처를 옮겼는데, 동창생 김윤규 군의 매형인 이병호 씨의 집이었다. 김윤규 군의 누나가 어린 자취생들을 참 많이 도와주었으니 그 진정이 두고두고 잊히지 않는다.

시절도 시절이지만 형편 또한 형편인지라 집에서 가져오는 양식이라고 해 봐야 온통 잡곡에 양 또한 변변치 않으니, 한창인 청년들이 늘 배불리 먹을 수 없는 게 당연한 일 아니겠는가. 냄비에 밥을 해 놓을라치면 품새가 그나마 고르기라도 했으면 좋겠는데 울퉁불퉁 군데군데 높고 낮은 것이, 숟가락 꽂을 곳도 영 거북살스러웠다. 그렇다고 몫을 공평히 하자고 말을 꺼내는 것도 친구 사이에 매정스러운 일 아니겠는가. 이윽고 참으로 자연스레 우리는 무언의 합의에 이르렀다. 밥 냄비를 가운데 놓고 앉아서는 뽑기 판을 돌리듯 냄비를 빙 돌리는데, 멈추면 가운데를 수평으로 그어 각자 앞에 놓이는 부분을 제 몫으로 삼게 된 것이다.

토요일이면 집에 다니러 갔다. 학교 앞에서 기다리고 있노라면 인심 좋게도 짐 위에 학생들을 태워 주는—비포장 도로였던 당시를 생각하면 더욱 위험천만한 일이지만!—트럭이 있었다. 시골 학생들인 우리는 파리 떼처럼 달라붙어 갔다. 어쩌다 그 짐이 고약한 냄새를 풍길 때도 있었다. 고등어가 든 가마니들이었다. 지금 생각하니 아마 간고등어가 아니었나 하는데, 배은망덕하게도(!) 몇 마리를 꺼내 가방에 집어넣고 가는 학생도 있었다. 회가 동할 만큼 맛있는 내를 오랜만에 풍겼을, 가시를 들고 쪽쪽 빨다시피 먹었을 그들의 살림살이를 생각하면 그리 밉지 않아지는 것이다.

밤이 늦어서야 집에 닿는 경우도 많았다. 그것이 그믐이면 달조차 없으니 예삿일이 아니었다. 그날도 주식 군은 외삼리의 자기 집으로 떨어져 나가고 나 혼자 '작곡재'라는 재를 넘게 되었다. 많이 저문 데다 산길 오릿길이니 자신의 집에 자고 가라고 주식 군이 붙잡았지만 사양한 참이었다. 재에 거의 올라섰나 하는데 칠흑 속에서 무언가가 내게 흙을 퍼붓는 것이다. 온몸이 전율하며 공포가 엄습했다. 나는 "저놈 잡아라!" 하고 소리치며 재를 뛰어올랐다. 그리고는 재 아래로 정신없이 달음질쳐 내려갔다. 집에 닿고 보니 자정이 넘어 있었다. 그것은 사람들이 '갈가지'라고 부르는 짐승으로, 밤중에 잘 나타나 사람을 놀라게 한다는 것이었다. 아버지 어머니는 가슴을 쓸어내리셨다.

소중한 인연들의 덕으로 은혜로이 이어진 학업은 촛불처럼 흔들리며 간난 속을 나아갔다.

사범학교를 졸업하고 교사로 임용되어 수석 졸업자로서 도회지 대구의 대봉국민학교에 발령을 받았다. 대구의 학교로 발령받기란 여간 어려운 일이 아니었던 것이다. 그러나 나는 공부를 더 하고 싶었다. 딴은 사범학교 동기생들이 대학에 진학하고 있기도 했다. 나는 당시로서는 최고인 경북대학교 사범대학 영어교육과에 지원하여 삼 대 일의 경쟁률을 뚫고 당당히 합격해 또 한 번 주위를 놀라게 했다.

경위로서 경찰에 몸담고 있던 맏형이 부모 형제에다가 아내와 일남 이녀인 자신의 가정까지 어깨에 짊어진 가운데, 동생의 재능이 아까워 학비를 대 주기로 했다. 당시의 입학금이 만 오천 환이었다. 그런데 입학금이 채 준비되지 않아 발을 구르고 있을 때 사촌 형수가 입학금에 보태라고 자신의 반지를 주었다. 그 모든 것을 뼈에 새긴 나는 더 열심히 공부하기로 굳게 마음을 다졌다. 그러나 내 길이 아닌가 보았다. 맏형의 요절이라는 청천벽력이 어느 날 우리의 눈앞에 와지끈 한 것이었다. 경상북도 예천에서 근무하던 맏형이 폭발물 사고를 당한 것이다. 스물일곱 청상(靑孀)의 아내와 올망졸망 세 남매를 두고 형은 떠났다. 그의 나이 서른하나였다.

가정교사든 무엇이든 해서 학업을 이어 갈 수도 있는 일이었지만, 고생하시는 아버지 어머니와 빈한한 가정을 생각하니 그 길이 눈에 들어오지 않았다. 나는 진소위(眞所謂) 찢어지는 가슴으로 학업에 작별을 고했다. 이것이 바로, 앞에서 말한 '결정적 선택'이 되고 말았다. 그렇게 하고 싶었던 대학 공부를 넉 달 남짓으로 작파(作破)하고 국민학교 교사로 돌아가기로 한 것이다.

전쟁 속에서

눈썹 위에 떨어진 전쟁

전쟁의 풍문이 꼬리를 물더니 문득 인민군이 인근의 춘양면에 들어왔다는 급보가 전해졌다. 내 나이 스무 살, 중학교 삼 학년의 어느 날이었다. 맏형이 경찰에 몸담고 있던 터라 우리 가족은 급히 짐을 꾸려 피란길에 올라야 했다. 외삼리의 어느 마을에 머물며 동정을 살피노라니 인민군이 우리 살던 두메에도 들어왔다는 것이다. 양식마저 떨어졌으니 어찌할 바를 몰라 하다가 밤에 몰래 집으로 들어갔다.

인민군은 내가 다녔던 봉성국민학교에 주둔해 있었다. 한순간도 근심과 불안을 떨쳐 버릴 수 없는 며칠이 흘렀는데, 아니나 다르랴, 인민군이 집에 들이닥쳤다. 경찰관의 집이라 하여 고방(庫房)에 양식을 모조리 집어넣은 다음 문을 잠그고는 붉은 글씨로 큼지

막하게 '금봉'—이런 말은 없지만 필시 '禁封'이란 뜻이었을 터이다—이라 써 붙이면서, 손대면 다 죽여 버리겠노라고 을러대는 것이다. 아버지는 그들 손에 안동까지 끌려가, 폭격으로 끊어진 낙동강 다리를 잇는 노역에 동원되기도 했다.

천만다행하게도 우리는 더 이상의 화를 입지는 않았다. 집안 자체가 농민이었으며, 어려운 삶 가운데 이웃의 인심을 얻었으면 얻었지 원망을 산 일이 없었고, 경찰관인 맏형 또한 온후한 성품에 향토민의 신망이 두터운 데다가(봉성면에 전기가 들어오게 한 것도 맏형이었다.) 일본 경찰 출신이 아니었으므로 그랬던 것이 아닌가 생각하지만, 전쟁과 그 전후의 맥락에서는 참으로 드문 일이었다고 하겠다.

인민군 점령 상황에서 나는 스무 살 청년이었으므로 늘 불안했다. 명호면 양곡리에 있는 외가에 가서 지내던 중 폭음을 울리며 날아가는 전투기를 보았다. 하루 빨리 수복(收復)되고 이 전쟁이 끝나기를 글쎄, 그 비행기에 대고 빌기도 했다. 그만큼 간절했던 것이다.

외가의 비극

내 외숙은 두 분으로, 모두 인근의 산골에 이웃해 살며 농사를 짓는, 글자 그대로 '농군'이었다. 큰 외숙 슬하의 외종형은 서울에서 교도관으로 근무하던 사람인데 전쟁 때 집에 내려와 있다가 산에서 내려온 공비들에게 끌려갔다. 그이는 갖은 고문을 당하고는 산골짜기에서 총살당했다. 작은 외숙에게 닥친 참화는 차마 옮길 수 없을 만큼 기막힌 것이었다. 밤중에 산에서 내려온 공비들이, 그중 하나는 내게 형인 두 아들과 그 아래의 딸 하나를 묶어 땔나무 더미에 올려 태워 죽인 것이다. 언어도단. 스무 살을 갓 넘긴 청년 하나와 아이 둘의, 실로 어이없는 죽음이라니! 바람결엔 듯 우리에게 전해진 참극이었다. 그 길로 두 집은 망해 버렸다. 인간이 빚은 현세 지옥이었다.

총탄 속의 하룻밤

전쟁 중이었던 사범학교 시절의 어느 날, 예천군 용문면 경찰지서장으로 있던 맏형에게 다니러 간 적이 있다. 둘레에 석축으로 높이 방벽을 쌓아 놓은 것이 당시의 여느 경찰지서와 다름없었다. 밝을 때에는 산중에 숨어 있다가 밤이면 출몰하는 공비에 대비한 것이었다. 부디 아무 일 없이 형하고 이야기도 나누며 하룻밤 묵어 갔으면 했는데 웬걸, 밤 한 시경에 총성이 울렸다. 미상불 공비들의 공격이 시작된 것이다. 경찰관들도 재빠르게 대처했다. 총성보다 큰 폭음도 간간이 들려오니 수류탄이라고 했다. 그만큼 그들은 가까이에 와 있었다. 나는 경찰관들의 지시대로 방벽 뒤에 몸을 낮추고 엎드렸다. 교전 중에 주고받는 것은 총탄이나 수류탄만이 아니었다. 시퍼렇게 날 선 욕설 또한 오가는 것이었다. "개놈의 새끼들!" 밤하늘을 울리던, 그들의 그 새된 외침이 지금도 귀에 쟁쟁하다.

징집되지 않다

내가 사범학교에 다니기 시작한 것이 전쟁 중의 1951년이었는데, 졸업반이었던 1953년 마침내 정전이 이루어졌다. 그러니까 전쟁 중이었음에도 불구하고, 나는 학생이었으므로 징집이 유예되었던 것이다. 사범학교를 졸업하고 교단에 선 1954년에 마침내 징병검사를 받은 즉 갑종이었다. 그런데 나는 현직 교사로서 병역법 제63조의 병역 면제 대상이 되었다. 징병검사장 운동장에 앉아 나를 바라보던 청년들의, 부러움에 찬 눈길들을 잊을 수 없다. 정전이 갓 이루어진 무렵이라 군대에 가면 죽는 것이라는 생각이 일반적이었으니 그들의 심사가 오죽했겠는가. 현직 교사의 병역을 면제한 것은, 신생 국가가 나라의 앞날이 달렸다 할 육영(育英)을 위해 취한 특유의 정책이 아니었을까 짐작해 보지만, 전장에서 피 흘린, 그 숱한 이들에게 내가 어찌 부채 의식을 가지지 않을 수 있겠는가.

교직, 그 숙명의 길

출행(出行)의 두 달, 대구 대봉국민학교

 앞에서 이야기한 바대로, 사범학교를 졸업하고 교사로 임용되어 수석 졸업자로서 도회지 대구의 대봉국민학교에 발령을 받은 것이 1954년 3월의 일이었다. 대학에서 공부를 잇고 싶어 경북대학교 사범대학 영어교육과에 진학하는 바람에 석 달 뒤 교사직을 그만두었다. 그러나 맏형의 죽음으로 학업을 포기한 것 또한 이미 이야기했다. 대학을 그만두고 한 달 뒤 첫 임지인 대구 대봉국민학교에 다시 발령받았다. 그런데 돌연 이차 발령에서 봉화군의 소천국민학교로 임지가 바뀐 것이다. 도(道) 교육청에 가서 따져 보았으나 명확한 해명이 있을 리 없었다. 오늘도 여전히 어두운 시대이지만 이보다 더 어두웠던 시절이니, 힘없는 젊은 교사 하나쯤이야 술수꾼들에게 대수였을 것인가.

교직은 돌아온 나를 그렇게 맞이했다. 돌아보니 이것은, 글자 그대로 파란만장했던 내 교직 생활의 복선(伏線)이었다.

돌아와 아홉 달, 봉화 소천국민학교

행정구역으로는 경상북도에 속하는 봉화는 산수가 깊고 울울해 가히 강원도라 할 고장이다. 소천면은 봉화군의 동북쪽에 있는 곳으로서 험준한 봉우리로 둘러싸인 두메이다. '늦재'와 함께 험하기로 이름난 '노루재'에서 동쪽으로 내려다보면 동전만 하게 눈에 들어오는 품이 지금도 그리 다르지 않을 것이다.

소천국민학교는 권승호 씨가 교장으로 있었는데 내 중학교 동창생인 권동호 군의 형으로서, 어릴 적 기억에 어렴풋하게 남아 있는 사람이었다. 사범학교 시절 동창생 김윤규 군의 누나 집에서 자취 생활을 했는데 그이가 자신의 집 자취생일 뿐인 주식 군과 나에게 큰 도움을 주었다는 이야기를 앞에서 한 바 있다. 그 김윤규 군이 이 학교에서 가르치고 있었다. 그는 이곳이 고향으로, 그리 멀지 않은 곳에서 부모를 모시고 있었다. 나는 김윤규 군의 집에서 기거하다가 하숙을 정했다.

맏형을 잃고 슬픔에 빠진 아버지 어머니를 생각해 주말이면 백 리 가량 떨어진 집으로 갔다. '노루재'를 비롯한, 포장되지 않은 구절양장(九折羊腸)의 험로를 마구 흔들리며 가야 하니, 차에서 내리면 안도의 숨이 절로 내쉬어지던 것이었다. 집은 말이 아니었다.

날로 쇠약해지시는 아버지 어머니, 그야말로 청상(青孀)인 형수와 그 어미의 치마꼬리를 잡고 선 세 조카들. 맏형의 부재는 그리도 엄청난 것이었다.

고개를 한껏 젖혀 봐도 손바닥만 한 하늘 외에는 모두 산인 두메이니 심란해지는 것도 인지상정이라 하겠지만, 아이들의 까만 눈동자를 보면 용기를 내지 않을 수 없었다. 나는 교사였다.

유년의 뜰에서 보낸 네 해, 봉화 봉성국민학교

내가 태어난 곳에 자리 잡고 있으며 내 유년의 여섯 해 동안 공부하고 그를 통하여 내 인격의 토대가 형성된 학교에 교사로 부임하다니 감개가 무량했다. 대학의 문턱을 들어서자마자 끊어지고야만 일이기는 했지만, 그때까지 고군분투로 이어 갔던 학업이 돌이켜져 더욱 그러했다. 그러한 가운데, 맏아들을 잃고 절망에 빠진 아버지 어머니를 모시며 학교에 다니게 된 것은 참으로 마음이 놓이는 일이었다.

봉성국민학교는 유형제 씨가 교장으로 있었는데 이전부터 내가 잘 아는 사람이었다. 박종하 선생, 박종인 선생, 박준호 선생, 김병우 선생, 그리고 이름이 기억나지 않는 여교사 안 선생 등이 가르치고 있었다. 부임한 지 얼마 되지 않은 때에 교사들 간에 놀이가 벌어졌는데, 오늘날 같으면 놀이 축에도 끼이지 못할 줄넘기 놀이였다. 두 사람이 마주 보고 돌리는 줄을 보자기로 눈을 가린 채 넘는 것이다. 안 선생의 바로 뒤에서 차례를 기다리고 있으려니 이윽고 눈을 가린 안 선생이 줄로 뛰어들었다. 그러자 줄을 돌리는 교사들이 줄을 안 선생의 몸이 닿지 않을 만큼 옆으로 슬쩍 옮겨서 돌리지 않겠는가. 그것도 모르는 안 선생은 열심히 뛰고 다른 교사들은 짐짓 하나, 둘, 셋 횟수를 세어 가며 "야, 잘 넘는다!" 어쩌고 하는 말로 속이는 것이다. 한참을 애쓰던 안 선생은 문득 뛰는 것을 멈추고 눈의 보자기를 풀었다. 와그르르 박장대소가 이어졌다. 참으로 소박했던 시대의 한 풍경이라 하겠다.

 안 선생은 재바른 이로서 다방면의 예능을 갖추고 있는 이였다. 어느 해 여름, 아이들이 다 돌아간 시간에 개중 시원한 교실에서 담소하고 있던 우리 교사들 사이에서 어떤 이가 안 선생에게 춤을 가르쳐 주십사 청했다. 그렇게 사나흘이나 이어졌을까? 교장 선생이 춤을 그만두라는 의사를 전해 왔다. 춤을 배우는 것은 그야말로 심심파적(破寂)이었으므로 매달릴 까닭도 없었다. 슬로우 슬로우 퀵 퀵. 그때의 기억이 새롭다.

 학교에서 퇴근하는 오후 다섯 시쯤이면 소를 몰고 뒷산으로 올라갔다. 소가 양껏 풀을 뜯는 동안 나는 책을 읽었다. 책에 몰두해 있는 동안은 그 모든 시름도 아득히 물러나 있는, 행복한 시간이었다.

 교사 월급이라야 참으로 박봉이었으니 집의 살림이 그리 나아지지도 않았다. 힘에 부치는 농사일 가운데 감자로 끼니를 때우시는 아버지 어머니를 보니 가슴이 찢어졌다. 언제나 저 밥상에 이밥을 마음껏 올릴 수 있을까. 미국의 잉여 농산물 원조를 받던, 너나 나나 곤궁한 시절이었던 터라 교사들에게도 어느 정도의 가루우유가 다달이 배급되었다. 그것은 우리 양식의 일부가 되었다.

이 고단한 시절을 이 학교에서 이어 가던 중에 삶은 그 무엇보다 소중한 선물을 내게 주었다. 아내를 만나 가정을 이룬 것이다.

천변(川邊)의 두 해, 영주 장수국민학교

봉화와 맞닿아 있는 곳인데도 영주는 산수가 사뭇 달라 보다 완만하고 여유로웠다. 당시만 해도 철도 교통의 요지요 경북 북부 지방의 중심이라 할 영주읍에서 예천 가는 포플러 길 이십 리 남짓, 영주군 장수면 소재지에 이르면 여섯 학급을 품은 학교가 길에 닿아 있었으니 장수국민학교였다. 전근 길에 아버지 어머니를 떠나 살림을 난 참이었다. 내가 가진 것이라고는 오로지 쌀 한 가마, 막막했다. 길 건너편 '장수천'이라는 하천 가에 사택이 있어 당분간 주거 문제는 해결이 되어 다행이었다. 한 시간의 산길 끝에 처가 마을이 있기도 해서 아내는 여러 모로 마음이 편안해졌을 것이다.

교장은 머리가 허예진 노년이었고, 교감은 나에게는 가히 악연이라고 할 사람이었다. 나는 여기에서 또 하나의 악연에 맞닥뜨리게 된다. 사택은 기역자 꼴로, 가운데의 우리를 다른 두 교사의 집이 바라보게 되었다. 그중 한 사람은 인품이 훌륭하여 내가 존경할 만한 이였으나 다른 한 교사가 문제였다. 갈등이 점점 커져서 마침내 내 인내가 끝에 다다라 완력으로 그이를 제어하기에 이르고 말았다. 기억하기도 싫은 일이니 그 이야기는 이만 하련다.

어느 날 아버지가 오셨다. 넉넉지 않은 살림에도 정성껏 상을 마련해 드리니 맛있게 드셨다. 아기인 손자—내 첫아이—의 재롱을 보며 기뻐하시던 얼굴이며, 겨우 하룻밤 주무시고 두루마기 자락 나부끼며 숨 가쁜 노역(勞役) 속으로 돌아가시던 뒷모습이 지금도 선하다.

퇴근하면 아이를 안고 장수천에 나갔다. 아이는 또래에 비해 걸음이 더뎌 엉덩이를 끌며 신나게 모래밭을 누비고 다녔다. 아이를 따라 구불구불 모래밭에 그려진 자국을 보노라면 '저 아이에게는 또 어떤 삶이 기다리고 있을까?' 아득해졌다.

곡절(曲折)의 아홉 해, 영주 중부국민학교

1961년, 영주 중부국민학교로 옮기고 몇 달 되지 않은 7월에 그 유명한 영주·남원 지구 수해가 있어 내 가족은 직격탄을 맞았으니, 이 학교에서의 생활을 떠올리노라면 늘 앞장서는 기억이다. 그 이야기는 아래에서 곧 풀어 놓도록 하겠다.

곡절은 학교생활에서도 이어졌다. 죽 시골 학교에서 가르치다가 바야흐로 제법 번화한 읍내 학교에 몸담는 나를 벼르며 기다리고 있는 벽들이 있었다. 영주읍이라는 곳은 교통의 요지답게 상업이 발달한 곳으로서, 말하자면 '알부자'가 많은 곳이었다. 60년대 후반의 곤궁한 시절, 온 나라에 이른바 사교춤 선풍이 일었을 때 도회가 아니면서도 예외가 아니었고 아이들 피아노 교습이 유행하던 고장이었다면 무슨 말이 더 필요하겠는가.

당시는 중학교 입학부터 입시 제도가 시행되고 있었다. 이런 고장이고 보니 자식들을 서울과 대구의 일류 중학교에 진학시키려는 치맛바람이 거셌다. 나름으로 성적이 뛰어나고 먹고살기가 괜찮았던 아이들일랑 육 학년이 되면 담임교사에게 과외 지도를 받고 있는 모양이었다. 이것이 박봉의 교사에게는 큰 가외 수입이 되는지라, 육 학년 담임 자리를 두고 학교 행정가와 교사들 사이에 옳지 않은 일이 저질러지고 있다는 말이 들려 왔다. 그 구조에 발을 들여놓지 않은 교사에게는 육 학년을 가르칠 기회가 주어지지 않는다는 것이다.

나는 한 가정을 이끄는 생활인으로서, 인간의 욕망이 저지르는 참상에 바야흐로 직면해 있는 셈이었다. 많이 먹으면 많이 싸게 되어 있고 적게 먹으면 적게 싸게 되어 있는 게 인간세(人間世)의 이치라는 것이, 지금도 변함없는 내 소신이다. 환경이 설사 들리는 바와 같다 할지라도 오도일이관지(吾道一以貫之), 힘들겠지만 초연히 내 길을 걷기로 나는 마음먹었다.

그렇다고 즐거운 일이 없었겠는가. 1964년, 드디어 큰아이가 학교생활에 발을 들여놓으니 아비와 같은 학교였다. 아이는 자라면서 예능을 보여, '콩쿨 대회'라고 했던 노래 경연이나 백일장, 미술 대회에서도 곧잘 상을 받아 왔다. 일 학년 때에는 읍내의 극장을 빌려 열었던 학예회에서 독창을 맡았다가 노래의 일 절을 부르고는 글쎄, 이 절, 삼 절을 잊어버려 입을 벌리고 멍하니 서 있는 참극(!)도 있었다. 아이의 담임이 결근해서 내가 대리 수업을 들어가는 일도 있었는데, 출석을 부르면서 왠지 멋쩍어 아이의 이름을 슬쩍 빼놓노라니 다른 아이들이 참으로 진지하게도 그것을 지적해 주어 더욱 멋쩍게 만들기도 했다.

짧지만 강렬했던 한 해, 풍기국민학교

풍기는 영주읍에서 버스로 통근할 수 있는 거리에 있었다. 인삼 산지로 유명한 풍기는 당시만 해도 부유한 사람들이 많았다. 인삼을 키우는 사람들은 서울에 따로 집을 사 놓고 아이들을 유학시킬 정도였으니까. 나라의 도시화·산업화가 막 발걸음을 뗀 형편이고 부동산 투기 같은 행패가 없던 때라 집값이며 땅값이 지금과 비교할 수 없기는 했지만, 서울이라는 지방과 그 외 지방의 격차가 엄청난 시대였다는 것을 생각하면 여간 어려운 일이 아니었다 하겠다.

교장은 이인영이라는 이로 젊고 세련된 미남이었고, 교감은 남창진이라는 이로 훤칠한 키에 참 씩씩했는데, 모두 경우 바른 언행으로 직원들의 호감을 사는 사람들이었다. 거기에다 동료 교사들도 마음 씀씀이가 좋아 가르치기에 쾌적한 학교였다. 학교 아니라 어느 사회에서도 이만큼 좋은 환경을 만나기 어려우리라.

한 아이의 어머니가 하도 간청해 와 아이의 과외 공부를 지도하게 되었는데(앞에서도 이야기했지만, 당시는 중학교 입시 제도가 있던 때라 이것은 예사로운 일이었다. 그러나 '교육적'인 일은 아니어서, 돌아보노라면 마음이 개운치 못하다.), 퇴근길에 그 아이의 집에 들러서 잠시 봐주면 되었다. 그러노라니 늘 거울 앞에 앉아 매무새를 다듬는 아이 어머니의 행태가 예사롭지 않아 곧 그만두었다. 빙그레 웃음 짓게 하는 기억이다.

마지막 청명(清明)의 세 해, 대구 범어국민학교

교직에 몸 담은 지 어언 열다섯 해, 다른 이들에 비해 오래 시골 학교에 머물렀으니 도회에서 가르치는 것도 좋을 성싶었다. 마침 큰아이가 영주 읍내의 중학교에 들어가고 둘째가 국민학교 삼 학년에 오르니 아이들의 교육 문제 또한 박두해 오는 것이었다. 풍기 국민학교에 근무한 지 한 해 남짓밖에 되지 않았으나 대구시로의 전출을 지원해 발령받았다. 사범학교를 갓 졸업한 때의 첫 임지였던 대구, 그러니까 열다섯 해 만에 이 도시로 '돌아온' 셈이었다. 사범학교 졸업, 대구 대봉국민학교 발령, 경북대학교 사범대학 입학, 맏형의 비극, 대학 자퇴, 교사 복귀⋯⋯ 그새 흐른, 짧지 않은 시간을 더듬어 보노라니 참으로 감개가 무량했다.

범어국민학교는 교장, 교감에 교사 여섯인, 작은 신설 학교였다. 교사(校舍)를 짓고 있는 터라 인근의 동도국민학교에 '더부살이'를 하고 있었으니 그 불편함이란 이루 말할 수 없었다. 두 학교가 가까운, 지금은 대구의 신도심이 되었지만 당시로서는 변두리인 범어동에 셋방 두 칸을 얻었다. 그것이 반양옥의, 바람 통하지 않는 맨 안쪽이었으니, 악명 높은 대구 더위를 미처 알지 못해서였다. 큰아이는 전학 절차가 끝나지 않아 영주읍의 둘째 처제에게 맡겨 두고 이사했다. 그해 여름, 이 지방에서 처음 맞은 더위를 견디지 못해 아이들은 울었다. 더워서 울다, 끔찍하지 않은가!

두 해 뒤 완공된 학교로 독립(!)해 나갔다. 다른 학교에 혹처럼 붙어 생활하느라 불편했던 만큼 감격스러웠다. 책상이며 걸상 따위의 비품을 옮기는 것은 그렇다 치고, 학교의 환경을 꾸미는 것조차 교사의 일이던 시절이었다. 한줌도 못 되는 교사들이 휑뎅그렁한 학교에 나무를 옮겨다 심었다. 어느 날 꽤 큰 나무를 옮겨 심다가 나무가 쓰러지는 바람에 내가 깔려 넘어지고 말았다. 이 일로 한동안 병원에 다니며 치료를 받았는데, 그 과정에서 의사는 어찌 내 고혈압 증세를 발견하지 못했는지…….

아, 생각사록 가슴 아프고 원망스러워라. 두 해 뒤 어느 겨울날 이른 아침, 방학을 이용해 고향에 다니러 가던 길에 영주의 처제네에 들렀다가 그곳에서 나는 쓰러지고 만다.

날카롭던 내 지력은 둔각으로 무디어지고 환하던 정신 활동은 어두워졌다. 바야흐로 나의 고군분투가 펼쳐질 참이었다. 이 둔중해진 지력을 이끌고 각다귀 난무하는 세상 속으로!

쓰러지고 다섯 해, 대구 대봉국민학교

쓰러져 사흘 동안 혼수(昏睡)에 빠져 있다가 일어나 치료에 들어간 지 달포, 느닷없이 대봉국민학교로 이동 발령이 났다. 아연한 일이었다. 집 한 칸 없는 가정 경제에 올망졸망한 네 남매를 생각하면 어떻게 하든 교직 생활을 이어 가야 했으니 위험하기 그지없었으나 내 몸은 뒷전이었다. 사범학교를 수석으로 졸업하고 처음 발령받았던 곳을 이제 병구(病軀)를 이끌고······.

만감이 교차하는 것이었다. 범어국민학교의 교감 선생이 부임 길을 동반해 주었다. 고마워라. 대봉국민학교의 교장 선생 또한 내 건강을 진심으로 염려해 여러 가지를 배려하고 베풀었다. 참으로 사랑과 관용이 넘치는, 드문 이들로서, '사람의 길'을 걸었던 그이들을 나는 뼈에 새겨 잊지 못한다.

어느 날 출근하는데 문득 한쪽 다리에 경련이 일어나고 진통이 왔다. 간신히 학교에 도착해 상황을 알리고 병원으로 가서 치료받고 나니 괜찮아졌다. 내 몸은 아직 병중의 심각한 상태였던 것이다. 나는 일단 한 달 동안 휴직하기로 아내와 의견을 모았다. 사 킬로미터쯤 떨어진, 집 인근의 학교를 왕복하는 운동도 시작되었다. 싫은 내색 없이 날마다 나를 이끌고 다닌, 국민학교 사 학년이던 큰딸아이. 이 무던한 아이에게 하느님, 부디 강복하소서.

한 달 뒤 복직했다. 건강이 이렇다 보니 주임 교사, 교감, 교장이 되는 것은 이제 내 일이 아니었다. 그리고 대구 근무 연한인 여덟 해가 지나갔다.

병구(病軀)를 이끌고 사투한 열일곱 해의 시골 학교

대구에서 포항으로, 포항에서 구룡포로. 그리고 구룡포에서 해변을 거쳐 십이 킬로미터쯤 올라가서 만난 바닷가 학교, 영일 석병 국민학교에서 내 기나긴 시골 생활이 시작되었다. 대학 이 학년, 고등학교 일 학년, 중학교 일 학년, 국민학교 삼 학년인 올망졸망 네 남매에게 엄마의 손이 긴요한 때여서, 아내가 집을 떠나 나를 보살피며 함께 생활한다는 것은 생각지 못할 일이었다. 위태로운 몸으로 혼자 생활하는 나도 나였지만 고된 부업에다 남편의 안위에 노심초사, 한시도 마음 놓을 수 없던 아내의 간난도 말이 아니었다.

마흔 해 남짓 전의 시절이니 시골의 가옥이란 그 상태가 말이 아니었다. 아내가 내 살림을 봐주러 들렀던 때에 둘이 연탄가스에 중독된 일도 있었다. 남편의 고된 삶이 하 서글퍼 잠 못 이루는 아내와 또한 착잡한 심사에 뒤척이던 내가 깜박 잠들었나 보았다. 깼는데 머리가 깨지는 듯했다. 순간 나는 가스중독을 직감하고 즉각 문을 열어젖혀 위기를 넘겼다. 미상불 시골 학교에 전근 가서 숙직

중에 연탄가스 중독으로 세상을 뜨고 만, 윤 선생이라는 동료 교사의 비극도 얼마 뒤 겪게 된다.

영일 상사국민학교는 일찍이 내가 근무했던 봉화 소천에 버금가는 두메에 있었다. 큰딸아이가 아비에게 다니러 왔다가 그 적막강산에 아무 말 하지 못하고 눈물만 그렁그렁해지는 것이었다. 눈물을 흘리지 않으려 무진 애를 쓰며 그것을 바라보는, 부모 된 자의 심경을 무어라 말할 것인가.

대구에 집이 있는 교사들은 토요일이면 집에 가는 버스 시간에 맞추기 위해서는 정오쯤 학교를 나서야 했으니 수업을 한 시간 단축하는 수밖에 없었다. 교장은 그러한 고충을 인정해 평일의 하루에 그를 보충하도록 배려했다. 오지에 워낙 험한 길이다 보니 오가다 교통사고 현장을 목도하는 것도 그리 드물지 않았다. 척박한 삶은 사람들을 묶어 주었다. 동병상련, 이 고생을 잊지 말자 하여 교장과 우리 교사 넷이 친목계를 조직한 것이다. 그러나 모진 삶은 그것조차 허락하지 않았다. 그중 두 사람이 갑자기 유명을 달리해 버렸기 때문이다. 지 선생이 뇌졸중으로, 윤 선생이 연탄가스 중독으로 쓰러진 것이다. 두 이 다, 전근 간 다른 임지에서였다. 마음을 다하여 명복을 빈다.

삶이라는 것이 본디 모질다 한들 어디 늘 사람에게 흰 눈을 뜨기만 하던가. 두메 생활의 신산(辛酸) 가운데에도 빙그레 웃음 짓게 만드는 일도 드문드문 삽화처럼 남아 있는 것이다. 이른 아침이면 맑은 공기 속에 논두렁 밭두렁이며 산길을 밟아 걷는 산책이 내 건강에 큰 활력이 되었다. 생전 처음 해 본 바다낚시뿐만 아니라 다래 따기, 송이 캐기 같은 비일상적 활동은 영육의 피로를 위무(慰撫)해 주는 레크리에이션으로서 제법 쏠쏠했다. 텃밭에 심은 호박이며 콩, 고추 등을 거두어 주말에 집에 갈 때 메고 가면, 어려운 살림에 악전고투하는 아내에게는 큰 도움이 되었다. 회식이 있을 때면 슬레이트 조각을 비스듬히 맞세우고 그 위에 돼지고기를 올려 구우니, 오목한 골에 기름이 잘 흘러내려 모두들 안성맞춤이라고 입을 모았다. 그런데 글쎄, 근래에 들은 즉 슬레이트란 게 발암 물질인 석면을 시멘트에 개어 만든 것이라고 하니 딴은 모골이 송연해지는 추억이기도 하다.

 이어 두 해 동안의 연일국민학교 근무를 마지막으로 영일군 두메 생활을 파하고 영천군 영천읍의 중앙국민학교로 옮겨 가게 되었다. 대구에서 삼십 킬로미터 남짓, 통근할 수 있을 만한 거리였다. 실로 오랜만에 집에서 식솔들과 함께 생활하게 되었다. 형편이 극도로 어려워 점심 도시락을 가지고 오지 못하던 아이가 잊히지 않는다. 아내에게 일러 도시락을 늘 두 개 싸게 했다. 무엇보다 먼저, 먹이고 볼 일이었다. 부디 그 가냘팠던 생명이 그 모든 어려움을 극복하고 잘 자라 그만큼 가치 있는 삶을 경영하고 있는 어른이 되어 있기를 바라 마지않지만, 참으로 팍팍하고 잔혹한 세상이고 보면 그 또한 여간 어려운 일이 아니어서 우울해지기도 한다.

궁금하여라. 인연이 닿으면 만나겠지.

　만시지탄(晚時之歎)이나 그동안 내 일이 아니었던 승진이 이 학교에서 이루어졌다. 교육자로서 특히 그래서는 안 될, 모리배와 같은 이들을 인사권자로 만나 숱하게 불이익을 당한 탓이 컸지만, 뇌경색 후유증으로 지력이 손상되어 내 역량을 미처 발휘하지 못한 탓도 있었을 것이다. 사범학교 수석 졸업생이었던 만큼 그동안 무척이나 상처를 받고 아팠던 내 내면을 아내라고 해도 다는 모를 것이다.

　그리고 울진군의 덕신국민학교로 옮겨 갔다. 집을 떠난 삶이 새삼 시작되니 나이 들어 가는 몸에 더욱 힘들었다. 그렇게 두 해가 흐르고 대구 가까이 칠곡군 다부국민학교로 왔다. 한국전쟁에서 유명한 '다부동 전투'의 전적지에 있는 학교였다. 버스를 갈아타고도 집에서 한 시간 남짓이면 닿는 거리! 그 길고도 고단했던 '홀로 아리랑'이 마침내 끝난 것이었다. 그리고 내 교직의, 그야말로 파란만장한 여로 또한 첩첩 연봉(連峰)을 넘어 바야흐로 그 끝을 보이고 있었다. 글자 그대로 '원로'로서 부끄럽지 않게 고요하고 온화하게 교사들을 대하면서 나는 그것을 맞이할 준비를 해 나갔다.

마침내 1996년 8월 26일, 옷 입으며 문득 울어 버리다

　워낙 유난한 것을 싫어하는 데에다 아름다운 마무리를 원해 퇴직 행사일랑 극구 사양했는데 차마 뿌리칠 수 없을 만큼 학교의 동료들이 강권해 마지못해 응하게 되었다. 1996년 8월 26일 아침, 학교에서 있을 퇴임식에 나가느라 옷을 차려입는데 '이게 출근이라면 마지막 출근이로구나!' 하는 생각에 나는 무너지고 말았다. 주저앉은 채 흘러내리는 눈물을 주체할 수 없으니 옷시중을 들어 주던 아내도, 퇴임식에 참석하러 내려와 아비를 눈으로 훑고 있던 아이들도 이내 눈물 바람이 되고 말았다.

파란만장이라는 말도 구절양장이라는 말도 그 행로에 닿지 못한다. 주마등처럼 스쳐 간다는 말로도 내 심경을 묘사할 수 없다. 기쁨보다는 슬픔이나 고통의 기억이 강렬했다. 고운 얼굴보다는, 권력과 돈의 우상을 섬겨 동료 인간을 짓이기던 얼굴들의 자취가 깊었다. 그러나 다 부질없는 일 아니겠는가. 삶은 계속되고 그것은 보다 나은 날들이 되어야 하니까. 아름다운 마무리, 그것의 끝은 용서일 것이다. 쉽지 않은 일이지만 나는 그 위에서 모든 것을 되돌아보아야 했다.

하 긴 세월. 1954년 3월 31일에 임용되었으니, 대학 진학으로 생긴 공백 넉 달을 빼면 마흔두 해 하고도 한 달의 시간이었다.

솔가 실기(率家實記)

그 여인, 무슨 인연이 있어

영주읍내에 중년을 바라보는, 박 씨 성의 한 부유한 이가 살고 있었다. 그는 농협에 다니며 비단 공장을 경영하고 있었다. 그의 집 바로 옆에 담장을 같이한 벗의 집이 있었다. 영주교육청에 근무하는 그이는 영주군 문수면의 덕수(德水) 장 씨(張氏) 집성촌에 본가를 두고 있었는데, 그의 맏딸이 읍내의 아버지에게 와서 학교를 다녔다. 그 딸은, 당시로서는 부잣집에만 있던 쇠 절구를 쓰러 박 씨의 집에 이따금 들렀다. '광수'라는 박 씨 맏아들이 자신의 또래이기도 한지라 그 여자아이는 박 씨의 아내를 "광수 엄마요." 하고 불렀다. 그 아이는 학교를 졸업하고 본가로 돌아갔다.

몇 해 뒤, 역시 두 집안과 친하게 지내던 이웃이 박 씨의 아내에게 사진 한 장을 보여 주었다. 장 씨 부친의 환갑 사진이었는데, 내심 거기에 찍힌 그의 맏딸을 주의 깊게 보라는 것이었다. 그도 그럴 것이, 아버지를 닮아 용모가 수려한 규수로 자라 있었던 것이다. "그 아이가 이렇게 컸어?" 괄목상대, 박 씨 부부는 눈을 비볐다. 박 씨는 자신의 사촌 아우에 생각이 미쳤다. 스물일곱의, 당시로서는 노총각인 아우는 학교 선생이었다. 박 씨의 아내는 사촌 시동생이 근무하는 시골 학교로 달려갔다.

이제 그만 에둘러 이야기하련다. 그 늙은(!) 총각 교사란 바로 나였다. 노총각 딱지가 붙도록 내게는 연애사라고 할 게 없었다. 대학을 그만두고 대구 대봉국민학교에 발령 받았을 때 함께였던 여자 동창생이 있었다. 안동 인근 출신으로서 집안이 상당한 부호(富豪)였으며 외모 또한 참한 사람이었다. 사범학교 시절 성적도 우수한 데다 언행 또한 조신하였으니 뭇 남학생들의 선망(羨望)이었다. 그런데 앞에서 이야기한 것처럼 나는 느닷없이 두메의 소천국민학교로 근무지 발령이 바뀌고 말았다. 그이는 그저 선망으로 남고 말았다. 그리고는 봉성국민학교에 근무하던 때의 일이었다.

지금은 고인이 된 김병우 선생이 어느 날 바람이나 쐬러 가지 않겠느냐고 제의해 왔다. 내가 흔쾌히 응했으니, 나를 자신의 동생처럼 아껴 주던 사람인 터였다. 그런데 알고 보니 동료 여교사 한 사람도 함께였지만 나는 별다르게 생각지 않았다. 한 학교의 동료 교사끼리이니 어찌 그렇지 않겠는가. 닿은 곳은 영주 풍기 너른 들의, 어느 풍광 좋은 곳이었다. 그런데 점심 먹을 때가 되었는데 김

선생이 사라져 버린 것이다. 그제야 사태가 짐작되었다. 순진한 총각이었던 나는 어찌할 바를 몰랐다. 그 여교사가 내게 각별한 느낌을 가지게 한 사람이었으면 또 모를까, 그게 아니었던 것이다. 우리는 얼마간 쩔쩔매다가 별말 없이 돌아왔다.

 연락을 받고 종형의 집에 가서 뵌, 인물만으로도 위엄을 풍기던 신사가 얼마 뒤 내 장인이 되신다. 스물, 꽃의 규수였다. 규수의 사진에 내 눈이 번쩍했고 신사도 나를 흡족해하시는 눈치였다. 일이 바로 진행되었는데, 얼굴 한 번 본 적 없는 사람을 아버지의 뜻대로 남편으로 맞아야 했던 훗날의 아내는 심사가 참 복잡했다고 한다. 그러나 규수는 아버지를 거역할 수 없었다.

 이윽고 내가 사주단자를 가지고 훗날의 처가를 방문했다. 내 첫인상이란 "낡아 빠져 터덜거리는 구두만 눈에 들어올 만큼 뭐, 못생기고 그저 그런" 사람이었다. 그런데 이 대목에서는 나도 할 말이 있는 것이, 규수를 실제 본 즉 흰 저고리에 검은 치마 차림으로 참하기는 한데 사진과 많이 달랐던 것이다. 거기에다 처음 보는 남자인 내게 술을 따라 주는 일이 엄숙주의자인 내 마음에 들지 않았다. 실망한 나머지 내가 상 위에 올려야 할 사주단자를 그냥 들고 버티는데 "신랑이 사주단자를 안 올리네?!" 하고 어떤 이(아내의 당숙이었다 한다.)가 말하자 방 안에 있던 규수가 대뜸 "그 사람 어디 나 한 번 더 보여 줘 봐요." 하지 않겠는가. 그제야 나는 사주단자를 슬그머니 상 위에 올렸다. 뒤에 알고 보니, 사진에서보다 얼굴이 못했던 것은 몇 날을 두고 앓은 몸살 탓이었다. 초면의 남자라 하나 어차피 남편 될 사람이니 술을 따른 것 또한 무슨 문제이겠는가. 지금 생각하니 웃음만 나온다.

그날 약혼 사진을 찍어야 되어서 장인을 따라 영주 읍내에 나갔다. 장인께서 중신아비와 종형을 청해 저녁을 먹는데 내가 좌중(座中) 모르게 상 밑으로 아내의 다리를 툭툭 차며 연신 빙긋거리더란다. 설상가상, 이튿날 약혼 사진을 찍고 둘이 영화 보러 가서는 화면이 어두워질 때면 내가 아내에게 슬그머니 기대 오더란다. 나는 기억하지 못하나 총기 야무진 아내의 회상이고 보면, 벽창우 같은 청년이 규수를 어지간히도 마음에 들어 했나 보다. 시나브로 그 모든 인(因)의 날실과 연(緣)의 씨실로 부부라는 베가 짜였다.

장인은 출중한 인물도 인물이려니와 덕망이 높아 향토민들의 신망이 두터운 분이셨다. 훗날 그분이 요절로 유명을 달리하시고 한참이 지나서도, 방학에 외가에 다니러 가던 우리 아이들에게 함께 기차를 타고 가던 중장년들이 행선(行先)을 물었다가 대답을 듣고는 "아, 그 어른 외손들이구나!" 하고 새삼 고개를 끄덕이며 감회를 드러낼 정도였다.

'한 인물 하는' 처가, 알고 보니

덕수 장 씨인 처가의 세통(世統)은 투르크계(系)에서 비롯되었다. 고려의 충렬왕은 1271년 원나라에 가서 세조의 딸 제국대장공주(齊國大長公主)와 결혼, 1274년 원종이 죽은 뒤 고려에 돌아와 왕위에 올랐다. 덕수장씨족보기(德水張氏族譜記)와 고려사(高麗史)에 의하면 덕수 장 씨의 시조 장순룡(張舜龍)은 회회인(回回人, 위구르계)인데, 원나라 관리의 아들로서 이때 제국대장공주를 따라 고려에 왔다가 귀화하여 충렬왕에게서 장 씨 성과 '순룡'이란 이름을 받았다고 한다. 그는 원나라와의 외교에서 활약하고 대장군에 올랐으며, 덕성부원군(德城府院君)에 봉해져 경기도 개풍군 덕수현(德水縣, 지금의 황해북도 개풍군 개풍읍)을 식읍(食邑)으로 하사받고 '덕수'를 본관으로 삼았다.

위구르는 중앙아시아의 투르크게 민족으로 현재 중국의 신장위구르자치구와 중앙아시아에 살고 있는 민족이다. 위구르는 몽골고원과 중앙아시아 일대에서 활약한 투르크계의 민족이다. 외모는 다양해서 중앙아시아의 투르크계 민족들과 유사한 경우도 있지만, 유럽인처럼 피부가 흰 위구르인들도 있다고 한다.

씨족의 역사가 칠백여 년, 이십 대(代) 남짓이니 오늘 덕수 장 씨 사람들에게 그 형질이 어찌 뚜렷하지 않겠는가. 장동건이라는 미남 배우가 덕수 장 씨라고 한다. 신문 기사에 따르면, '조용진 얼굴연구소' 소장인 조용진 교수는 그래서 덕수 장 씨 중에 장동건처럼 동서양의 장점을 고루 갖춘 미남형의 사람들이 많은 것이라고 한다. 또, 혼혈이 아닌데도 이국적인 외모를 지닌 한국인의 경우 수천 년 전부터 유입되어 온 각 혈통의 유전형질이 면면히 이어지면서 발현된 것이라며, 눈썹이 짙은 아버지와 눈썹이 옅은 어머니가 결혼해서 낳은 자녀의 눈썹이 중간 형태가 되지 않고 짙거나 옅은 쪽으로 치우치는 것이 유전 형질 발현의 좋은 예라고 한다. 미상불 처가의 혈족들은 인물이 좋았다. 특히 우뚝한 콧날이 여느 사람에 비해 두드러졌다.

  1970년대 초반 전 세계에 제1차 석유파동이 몰아쳤을 때 바야흐로 '수출입국(輸出立國)'으로 달려가던 한국은 석유 가격 상승으로 지푸라기라도 잡아야 할 만큼 절박했다. 사우디아라비아 석유상(石油相)이었던, 그 유명한 '야마니'가 한국 정부 초청으로 왔을 때 정부는 그들을 덕수 장 씨 집성촌 중의 하나인 경기도 평택으로 데려갔다. 그러나 그들은 그곳에서 이슬람 문화의 흔적을 볼 수 없자 실망했다고 한다. 덕수 장 씨 집성촌인 처가 동네 역시 그랬다. 이국적 풍습이나 별다른 사고방식은 눈에 띄지 않았다.

  2000년 통계청이 발표한 자료에는 덕수 장 씨는 6,531가구 총 21,006명이 있는 것으로 되어 있다.

무릎 밑 네 남매

  1958년 5월 4일 새벽 네 시경, 영주군 문수면의 처가의 뒷방에서 고고지성(呱呱之聲)이 울렸다. 내 첫아이였다. 주변에서는 아들을 얻었으니 한턱내라고 성화였지만, 나는 기쁘기만 한 것이 아니었다. 문득 양 어깨에 육중한 것이 얹히며 가슴이 뭉청 내려앉는 것 같았다. 부담감이며 의무감이란 것이, 아이가 없던 시절과는 엄청난 차이가 났다.

내가 장수국민학교에 근무하던 시절이었다. 퇴근하면 인근의 '장수천'이라는 개울가에 데리고 나가 모래밭에 풀어 놓고는 함께 노는 것이 큰 즐거움이었다. 걸음을 배우는 것이 느린 아이라 늘 엉덩이를 끌며 모래밭을 이리저리 쏘다니는 것이었지만, 까드득거리는 품이 여간 쾌활하고 날랜 것이 아니었다. 항렬자(行列字)에 '너그러울' 관(寬) 자를 붙여 이름을 지었으니 다 '너르다'는 뜻이지만, 영육 간에 이름처럼 자라지 못했다.

네 살에는 잃었다가 종일 걸려 찾은 적도 있으며, 국민학교 일 학년 들어가서는 주인 모를 개에게 물려 그 힘들다는 광견병 주사를 맞아 내느라 학교를 그만두는 등 아비어미의 가슴을 여간 졸이게 한 아이가 아니다. 자라면서 글과 그림, 노래에 재주를 보였다. 그에 따른 이야기들은 앞에서 언급한 바 있다.

명민함이 발군(拔群)이라 할 만해서 기대가 컸지만, 중학교 입시 이후 고등학교와 대학교 입시에 다 실패했다. 그 모범생이었던 아이가 지방 후기대에 등록해서는 술로 세월을 허송하다가 문득 행정고시에 뜻을 두어 일차 시험에 합격하기에 '이제 모든 실패를 보상하겠거니.' 하고 기대를 거두지 않았는데, 1980년의 정변을 맞고는 고시 공부를 그만두고 말아 아비로서 실망이 이만저만 아니었다.

학업을 다 마치고 터덜터덜 군에 갔다가 제대하는 길에 아비어미 모르게 한국의 대표 지상파 방송에 프로듀서 직종으로 응시해, 그 어렵다는 곳에 덜컥 붙지 않았겠는가. 최종 합격 통보를 받던 날은 겨울방학 중이었는데, 마침 내가 병색 가시지 않은 몸으로 영일군 상사국민학교라는 두메 학교에서 근무할 때라 심신의 고단함이 막심했던 터여서인지 아이를 끌어안고 말없이 눈물만 흘렸다. 그 방면으로는 전혀 준비하지 않았음에도 불구하고 그런 성취를 본 것은 어릴 적부터 쌓아 온 독서의 힘이었다는 게 본인의 말이고 보면, 낳고 성장을 지켜본 아비로서 고개가 끄덕여졌다.

결혼에 뜻이 없어 해 아비어미의 속을 태우다가 삼십 대 중반에야, 그림 그리는 규수를 만나 가정을 꾸려 사내아이 둘을 두었다. 덧없어라, 한 번의 합격 소식으로 온 집을 뒤흔들었던 청년이 어느덧 정년을 눈앞에 두고 은퇴 생활을 꿈꾸는 백발의 초로(初老)가 되었구나!

1961년 장수국민학교 근무를 끝내고 영주 중부국민학교로 옮기면서, 알뜰히 모은 돈으로 방 세 칸짜리 작은 한옥을 마련했다. 그해 7월 11일의 엄청난 물난리―이 이야기는 뒤에 할 기회가 있을 것이다―의 상처가 아직 벌겋게 살아 있던 9월 8일, 오전 일곱 시 십 분경에 새 생명 하나가 세상에 나오니 또 아들이었다.

첫 아이가 아들이니 애써 아들을 바라지는 않았다. 하나가 느니 부담감이 첫 아이 때와는 비교가 되지 않을 정도로 컸다. 아이는 뱃속에 있을 때부터 커서 아내는 힘겨워했다. 거기에다 내가 제때에 다스리지 못한 임신중독증은 아내의 병약(病弱)으로 이어졌다. 이름은 항렬자에 '동녘' 동(東)을 붙여 지었다.

아이는 그 어렵던 시대에는 참 보기 드물었던 우량아였다. 걸을 무렵에는 아내가 형제에게 내 도시락을 들려서 학교에 보내곤 했는데, 제 아우의 반도 안 되는 몸으로 형이랍시고 아우의 손을 잡고 챙겨 가며 종종걸음 치는 큰아이와, 아직 익지 않은 걸음을 뚬벅뚬벅 걷는 작은아이가 교무실 창으로 보이면 내 입은 귀에 걸리고 마는 것이었다.

아이는 생긴 것처럼 어질었다. 오죽하면 형과 아우가 바뀌었으면 얼마나 좋을까 하는 생각이 무시로 들기까지 했을까. 당최 욕심이 없는 아이여서, 취학 전에 아내가 품에 안고서는 "우리 아들, 학교 들어가면 일등 해야지?" 할라치면 "아니, 삼등 해빼(해 버릴 거야)." 하고 대답하여 제 어미를 낙담시키곤(!) 했다. 그때 왜 그랬느냐고 옛이야기에 섞어 묻노라면, 삼등이 가장 부담이 없으면서 그런대로 괜찮은 자리여서 그랬다나?

워낙 순해서인지 남 앞에 나서는 것을 그리 싫어했다. 그것을 고쳐 보고자 동화 구연 대회에 내보낸 적이 있었는데, 집에서 연습할 때는 곧잘 하더니 제 차례가 되어 무대에 서서는 그야말로 '꿀 먹은 벙어리'가 되고 말았다. 그렇지만 그림과 서예에 재능을 보여 웬만하면 입상이었다. 내 필체를 생각하면 필시 외탁한 것이렷다.

학업의 성취는 제 형만은 못한 데에다가 나의 발병으로 집안의 간난을 만나 국립인 경북대학교 문리대에 보냈는데, 일 년 뒤 불쑥 인근의 영남대학교의 법과대로 옮기더니 묵묵히 공부에 매진하기 시작했다. 삼 학년을 마치고 카투사로 군에 갔다 와서는 '무섭게' 공부했다. 제대하던 해 가을 여느 졸업반처럼 입사 시험을 치러 무난히 취업했다. 그것도 국내 굴지의 광고회사 '제일기획'이었다. 이른바 '늦머리 터진' 것이었다. 삼성영상사업단, 큐채널, 중앙일보 등을 거쳐 한국 굴지의 통신회사에서 임원으로 일한다. 묵묵히 앞길을 잘 헤쳐 나아가고 여러 방면으로 관심을 가지고 실행하는 모습은 딸깍발이 아비를 닮지 않은 것 같아 다행이다.

서른둘에 방송 작가인 규수를 만나 가정을 꾸리고는 저를 빼닮은 아들 하나를 두었다. 아비어미의 도움을 뿌리치고 훌륭히 자립한 아이라 애틋하고 자랑스러워라!

결혼 일곱 해에 셋째를 얻었다. 1964년 9월 23일 오전 일곱 시 이십 분경, 딸이었다. 아들 둘을 내리 얻은 뒤의 딸이니 진정 반가웠지만, 식솔이 어언 다섯이니 가뜩이나 가진 것 없는 나의 경제가 한층 심각하게 다가오는 것이었다. '영화' 영(榮)에 제 사촌 자매들의 돌림자를 붙여 이름을 지었다.

말수가 적던 아이는 어린 몸에 간난을 겪으면서도 나이답지 않게 의연했다. 내가 척추를 다쳐―그 경위 또한 뒤에 이야기할 기회가 있을 것이다―병원 생활을 할 때 둘째 처제가 데리고 가 돌봐 주었다. 어릴 때에는 엄마라는 존재가 온 우주와 같을 터에, 워낙 평온한 아이라 표현은 하지 않았지만 그 속이 어떠했을 것인가. 늘 고요한 아이였지만 노래에는 눈이 빛나며 일찍이 소질을 보이고 있었다.

아이를 국민학교에 입학시키면서는 중학교 입학 때 쓰겠노라고 쌀 한 가마를 팔아 은행에 넣어 두고는 없는 살림에 일주일에 한 번씩 형편 닿는 대로 그 위에 조금씩 부었는데, 졸업 때에 보니 글쎄, 쌀 한 가마도 살 수 없는 돈으로 쪼그라들어 있었다.

집터가 그래서였는지 아이는 같은 집에서 난 제 바로 위의 오라비처럼 어질디어질었다. 자라면서 노래, 그림, 서예에 특출한 재능을 보여 성취를 넓혀 갔다. 특히 서예는 붓글씨만이 아니어서, 펜 글씨가 활자를 방불케 할 정도였다. 훗날 그 재능으로 아비의 연구 논문을 작성해 주어 아비가 교감으로 오르는 데에 크나큰 도움을 주었다.

아이는 내심 미술대학으로 갔으면 했지만 아비의 건강과 경제가 그것을 지원할 역량이 되지 못했다. 거기에다가, 어찌 보면 응당 군에 가서 동생들의 삶에 숨을 틔워 주고 장차 집안을 이끌어 갈 전망을 가져야 할 맏이가 제 눈에 가리어 아직 학교에 버티고 있지 않았겠는가. 그리고 보면 맏이의 선택으로 인한 피해를 가장 많이 받은 아이이고, 그 점은 맏이가 이따금 회한 속에 가슴을 치고 있는 바이다.

아이는 종내 제 희망을 살리지 못하고 경북대학교 사범대학에 진학했다. 대학 생활 중에 합창이며 탈춤, 서예 등의 활동에 몰입했지만 이루지 못한 꿈에 어디 손톱 끝만큼이라도 보상이 되었을 것인가. 교사가 되어 경상북도 영해에서 근무하던 중에 일간지 기자와 결혼해 남매를 보았는데, 남편의 일터가 서울인 데다 아이들을 돌볼 수가 없어서 고민 끝에 교직을 버리고 말았다. 가사를 돌보면서도 홀로 화실에 다니며 묵묵히 기량을 닦아 공모전에 두어 번 입상했으니, 좀체 사그라지지 않는 그림에의 열정이 조금은 위로받았을 것이다. 후리후리한 키에 태생 양반인 남편과 오순도순 기르고 있는 남매 중의 큰아이인 여식(女息)이 신기하게도 제 어미의 재능을 그대로 보여 주고 있다.

 어릴 때에는 그렇지 않았는데 나이 들수록 어미를 쏙 빼닮아, 보는 사람마다 제 어미를 들먹이며 입을 다시는 큰딸이다. 아비로서 제대로 받쳐 주지 못해 몽매간(夢寐間)에도 마음 아픈 아이, 지나간 일임에도 회상 하나하나가 고통스러운 내 딸!

 문득 지인에게서 아이들 교육을 위해 서울의 학교로 옮겨 보지 않겠느냐는 제의가 왔다. 절차가 순조롭기에 이사 여유를 두고자 집을 팔았는데 끝내 바람이 이루어지지 않고 말았다. 집을 다시 사는 일일랑 시간 여유도 없고 서두를 일도 아니어서 셋방살이로 일단 복귀했다. 음전한 아이들이긴 했지만 아이 셋을 거느리고 셋방 얻기란 여간 어려운 일이 아니었다. 영주 읍내(邑內)의 대한석탄

공사 임무소 앞에 방 두 칸을 얻었으니, 바로 뒤가 성냥 공장이었다. 얼마 뒤 이 공장의 화재로 한겨울 오밤중에 임무소 마당으로 대피한 기억이 새롭다.

막내는 이 집에서 얻었다. 만삭이었던 아내의 산통이 문득 시작되자 두 아들아이가 놀라서 잠을 깨기에 이불을 덮고 엎드려 있으라고 일렀다. 이윽고 1968년 3월 8일 오전 영 시 삼십 분경, 이 집에서 막내를 만났다. 산파(産婆)도 없이 받아 낸 즉 아이가 울지 않는 것 아닌가. 재바르게 거꾸로 들고 엉덩이를 두어 차례 두드리니 캑, 하는 소리와 함께 울음을 토해 냈다. 양수가 기도를 막고 있었던 탓인가 보았다. 이불을 뒤집어쓰고 돌아 엎드려 있던 아이들도 사태에 무척 긴장하고 또 안도했었노라고 오늘에 이따금 돌이키곤 한다.

딸을 이어 얻었으니 아들 둘에 딸 둘. 장차 둘 데려오고 둘 보낼 터라 "남는 게 없을" 것이니 욕심 없는 사람이라는 말을 농으로 건네 오던 시대였다. '빛날' 형(炯)을 썼지만 이번에는 제 사촌 자매들의 돌림자를 붙이지 않았다.

빛나고 밝다는 뜻의 이름자처럼 아이는 남매 가운데 가장 발육이 빠르고 활동적이었다. 말을 배우는 것도 빨랐거니와 몸의 성장도 남달라서 돌이 채 되기도 전에 벽을 짚고 일어나 발을 옮겼다. 그러던 어느 날 문고리를 벗기고 말았으니, 열어젖혀지는 문을 통해 부엌으로 떨어져 끓는 물에 다리를 데는 사고를 당했다. 제 동생을 돌보라는 말을 듣지 않고 만화에 열중해 있던 맏이 탓이었다. 그만하기가 불행 중 다행이라 하겠지만, 여식을 고이 기르지 못하고 다리에 흉터를 남기고 말았으니 천추의 한이다. 이래저래 맏이는 참 말썽이었다 하겠는데, 전생이란 게 있다면 가족에게 악연을 지고 이 세상에 왔다 할 것이라고 맏이는 스스로 말한다. 바야흐로 노년을 걷노라니 벌겋게 살아 있는 그 모든 상처의 기억들이 새삼 쓰라려 괴롭다고 또한 맏이는 토로한다.

아이는 자라며 제 큰오라비처럼 문재(文才)를 보였고, 또 변함없이 역동적이어서 제 손위 동기(同氣)들은 재능이 없어 그리도 싫어하던 달리기도 신기하게 잘했다. 막내란 원래 부모와 가장 짧게 사는 존재인 데다가, 내가 쓰러진 것이 아이가 네 살 때이니 내 발병 뒤에 성장했으며, 오랜 시일 내가 집을 떠나 시골의 학교를 전전하며 근무했으니 내게 기억의 부피가 가장 덜한 아이라고 하겠다. 그런 만큼 남매 중에 가장 덜 엄하게 자라기도 했다. 필시 외탁한 탓일진대 몸매가 늘씬하여 고등학교 때에는 전국체전 입장식의 기수로 활동할 만큼이었다. 명민하여 맏이만큼 기대가 컸는데, 오라비 둘이 입대로 거의 같은 시기에 집을 떠나 있은 탓인지 고등학교 삼 학년에는 성적이 마구 떨어져 경북대학교 문리대에 진학했다. 졸업한 뒤에는 대우중공업에 들어가 일했다.

아이의 문재를 살리려고 맏이가 자신과 친분이 있던, 훗날 문화부장관을 역임하게 되는 작가 이창동 씨에게 소개했다. 뒤에 아이의 됨됨이에 대한 그이의 칭찬이 늘어져 맏이가 오라비로서 무척 흐뭇했다고 하는데, 좀체 속내를 내비치지 않는 사람의 칭찬이었다 하니 어찌 그렇지 않았겠는가. 그런데 그도 헛일, 한 청년을 만나 살림을 전업(專業)으로 택하고 말았다. 한국 굴지의 통신회사 부장으로 일하는 남편은 그야말로 역동적인 사람으로, 내 아이들에게서는 보지 못했던 활력으로써 제 아내와 함께 두 딸을 잘 이끌며 삶을 훌륭히 경영하고 있다.

기억하느냐? 큰올케가 연년생으로 둘째를 생산하고 친정에서 조리에 들어가자 어미가 큰손자를 봐주러 상경한 일, 그래서 아비가 너희 집에 머물면서 출퇴근했던 사십여 일. 기억하지 못하리라. 너희가 이 아비를 어미 못지않게 극진히 보살펴 주었더라!

지옥의 하루

1961년 장수국민학교 근무를 끝내고 영주 중부국민학교로 옮기면서, 알뜰히 모은 돈으로 마련한 방 세 칸짜리 작은 한옥에서 살 때의 일이다. 반백 년 전의 사건이지만 나에게도, 네 살배기였던 큰아이에게도 바로 어제의 일처럼 생생하다. 아이를 잃어버렸던 것이다!

엄한 아비를 두어서인지 유난히 어미를 따랐던 아이였다. 아내가 일곱 남매의 맏이이니 아이는 외가에서 첫 손자였다. 잔정 많던 장모께서 참 귀애(貴愛)하셨는데, 좀 업어 보고 싶어서 업을라치면 숫제 자지러지는 것이다. 이렇듯 조금도 어미를 떨어지지 못하니 외할머니인 장모께서도 딱 한 번밖에는 못 업어 보셨다.

같이 처가에 가는 길이었는데, 울고불고 뒤로 나자빠지는 걸 어미가 손을 잡고 달래면서 그나마도 한 백 걸음이나 갔나? 이 일을 아이도 기억한다고 한다. 두 돌도 채 되지 않았을 때의 일이니 기억난다는 것이 이상한 일 아닌가. 어릴 때부터 무시로 들어 오던 일이다 보니 마치 기억인 듯 혼효(混淆)를 일으킨 것 아니겠느냐고 아이에게 말하면, 분명한 기억이라며 단호한 얼굴을 한다. 그리도 모성 지향적인 아이였다.

우리 내외와 아이의 기억을 종합하면 이랬다. 아내는 이불 홑청을 시치고 있었다. 엄한 아비를 두어서인지 유난히 어미를 따랐던 아이는 어미에게서 눈을 떼지 않고 있었다.

"엄마, 어디 가?"

이불을 개어 올린 어미가 치마저고리로 갈아입는 것을 본 아이. 어미에게 바싹 다가앉았겠지.

"장 보고 오께."

아이는 가슴이 철렁 내려앉았다. 어머니와 떨어지면 안 되는 것이다.

"같이 가."

스—ㅅ, 긴 잇소리의 경고와 함께 어미는 눈으로 나무랐다. 그때부터는 더 이상 말을 하지 말라고 아이의 경험이 일러 주고 있었다. 뭐, 행동으로 옮기면 되는 것이다.

 맏형의 큰딸인 조카, 정희를 데리고 있으면서 중학교 시킬 때였다. 장날이었던 것은 분명한데, 정희가 집에 있었으니 토요일이나 일요일쯤 되었을 것이다. 정희는 명석한 데다 공부를 어찌나 열심히 하는지 밥 먹을 때도 손에서 책을 안 놓을 정도였다. 내가 학창시절에 그랬는데, 그러한 면모를 정작 자식은 닮지 않고 조카가 닮았는지 못내 아쉽기도 하다. 정희는 공부에 빠져서, 네 살밖에 안 먹은 제 사촌동생이 빠져나가는 것도 몰랐다. 아내가 집에 들어와서 법석을 피울 때까지도.

 아이가 뒤를 밟는다는 것을 어미는 알 리가 없었다. 큰길로 들어서자 사람이 많아졌다. 사람 속에 파묻힌 어미를 놓쳤다가 발견하는 것이 몇 번 되풀이되었다. 그럴 때마다 아이는 가슴이 콩당콩당 뛰었다. 그러다 일순(一瞬) 마치 문이 닫히듯 어미의 뒤를 양쪽에서 사람들이 막더니 더 이상 어미가 보이지 않았다.

 피가 마른다는 것, 그런 경우를 당해 보지 않고는 모른다. 온 읍내를 골목골목 헤매고 다녔다. 해는 넘어가고 집 잃은 아이를 봤다는 사람은 없고. 인제는 끝이로구나, 하는데 읍사무소 부근에서 만난 어떤 사람이, 비슷한 아이를 웬 여인이 경찰지서에 데리고 들어가는 걸 봤다고 하는 게 아닌가! 한걸음에 들이닥친 즉 지서 벽을 따라 툇마루같이 빵 둘러쳐 놓은 마루에다 지쳐 잠든 아이를 눕혀 놨는데, 얼굴은 눈물 콧물 범벅이지, 마침 사 신겼던 참이니 새 고

무신이 뒤꿈치를 물어 발은 피투성이지……. 아이를 깨웠더니 처음에는 어미를 알아보지 못하다가 이내 "엄마!" 하면서 어미의 품에 안겨 왔다.

그 여인이 "엄마…… 엄마!" 부르면서 넋을 잃고 헤매는 아이를 붙들어 세우고 보니, 읍내에 사는 아이인지 장날 부모 따라왔다가 떨어진 시골 아이인지 먼저 알아봐야겠다 싶더란다. 그래서 가게에 데리고 가서는 "뭐 줄까?" 그랬더니 그렇게 울고불고 하던 녀석이 순간 울음을 멈추고 글쎄, "껌요!" 하지 않았겠는가! 고개를 끄덕인 그이는 아이에게 껌을 쥐어 주고는 지서에 안고 가서 그 이야기를 해 주며 "시골 아이가 아니고 읍내 아이가 분명하니 부모가 틀림없이 오늘 중으로 찾으러 올 겁니다." 했다고 한다.

참 용한 양반 아닌가. 그 뒤 아내가 아이를 데리고 길 가다 이따금 마주치노라면 그이가 아이에게 "너, 날 수양엄마라고 불러라." 하며 웃었다고 하는데, 그이의 이름조차 기억하지 못하니 애석한 일이다.

그 여름의 물난리

영주 중부국민학교로 옮기면서 장만한 집이 자리한 곳은, 읍 외곽을 흘러서 강줄기에 몸을 섞는 낙동강 지천(支川)의 제방 바로 아래, 글자 그대로 배후습지(背後濕地)였다. 전형적인 천정천의 배후습지에 앉은 마을이다 보니 소나기가 오 분만 와도 물이 빠지지 않아 골목은 발목까지 물이 찼다. 그래서 비 많은 섬의 이름이 동네의 속명이 되었다. 울릉도!

이사해 들어간 해 음력 오월 스무아흐렛날로 기억하고 있으니 1961년 7월 어느 날 아침의 일이다. 둘째 아이가 나기 두 달 전 여름이었다. 며칠을 두고 따르던 비가 전날은 잠시도 안 그치고 밤새도록 숫제 퍼부어 대더니만 동네가 소란했다. 한 사내가 물 들어오니 빨리 피하라고 소리치며 다니고 있었던 것이다. 이웃 동네에 사는, 평소에 이상한 말을 웅얼거리며 다니는, 정신이 약간 나간 사람의 말이라 웃어넘기면서 밥 하려고 쌀독으로 몸을 돌리던 아내는 미상불 마당으로 스멀스멀 물이 기어들어오니 기함(氣陷)했다. 혼비백산, 나는 어머니와 조카, 정희의 손을 잡고 만삭의 아내는 큰아이의 손목을 잡고 그야말로 몸만 빠져나왔다.

그 미친 사람이 어찌 알고…… 참 희한한 일이라! 아내의 감탄에는 고마움이 입때껏 묻어 있다. 그도 그럴 것이 그 사람 덕으로 동네에 어느 하나 목숨 상한 사람이 없었던 것이다. 우리는 인근의 학교에 이재민이라는 이름으로 수용되었다. 된장을 끓이면 위에 허연 것들이 둥둥 떠올랐다. 살아야 했으므로 우리는 그것을 숟가락으로 건져 내고 먹었다. 그것은 된장에 슨 구더기였고 때는 장마철이었다.

물이 빠진 것은 한 주일이나 기다려서였다. 초토(焦土)에 들어가 본 즉, 이불장 같은 것이야 엎어져 있은들 나무로 만든 것이니 예사롭다 하겠는데 쇠로 된 '아이디알 미싱'이 엎어져 있는 것에는 혀가 내둘렸다. 사람이 살아갈 집으로 돌려놓으려는, 호된 노동 속에서 아내는 온몸이 부어올라 다리가 "코끼리 다리"가 되었다. 효자로 평가받았으나 좋은 남편이지는 못했던 내가 제때에 다스리지 못한 임신중독증은 아내의 병약(病弱)으로 이어졌다. 그것은 일곱 해 뒤, 어느 한의사의 권유에 따라 "약으로서 밴" 넷째가 태어나면서 어느 정도 호전을 보이게 된다.

난리를 맞은 곳은 강줄기가 휘감아 나가던 물굽이의 바깥에 있는 지역이었다. 늘어난 물이 굽이돌아 나가면서 가하는 엄청난 압력을 이기지 못해 둑이 터진 것이다. 그렇게 본류가 터지지 않았다 하더라도 그 엄청난 비이고 보면 '울릉도'가 면해 있던 지천이 넘치지 않고는 배겨 나지 못했을 것이므로 우리의 이재(罹災)는 숙명이었다 하겠다.

물난리 이듬해부터 그곳에 투입된 '국토건설단'의 노역으로 골칫덩이인 그 물굽이가 잘려 나가고 강줄기가 직선으로 이어지게 되는데, 해거름이면 강 쪽 노을 아래에서 폭발음이 들려오는 것이었다. 어리지만 호기심 많은 큰아이가 대체 무슨 소리냐고 물어 오면 아내는 "국토건설단 남포 터지는 소리"라고 대답해 주었다. 그 물난리 두 달 전 쿠데타로 권력을 쥔 그 군인이, 장차 그의 후예가 '삼청교육대'라는 이름으로 본떠 내는 사회 정화(!) 조치를 취하니 바로 '국토건설단'이었다. 역사의 소용돌이 속에서 무력하기만 했을 한 사람 한 사람의 눈물과 피가 폭음에 실려 오는 듯했다.

훗날 교과서에 실린, 그 유명한 '영주·남원 지구 수해'였고, 그 '오월 스무아흐렛날'이란 7월 11일이었다.

그 숱한 고비 가운데……

누구의 삶엔들 간난과 고비가 없으랴만, 돌아보노니 병마로 인한 신고(辛苦)가 유난했던 나의 삶이다. 무릇 고통이란 그것이 비극으로 마무리된다고 해도 일단 현실에 영향을 미치지 않게 되면 그 해방감이, 우습게도, 고통을 아름답게 보이게 하는 것이다. 그러나 우리는 고통에서 그저 해방된 것이 아니라 그것을 이겨 냈다. 그 모든 것의 중심에는 아내의 헌신이 있었다.

그것은 이렇게 시작되었다. 영주 중부국민학교에 근무하던 1968년의 일이었다. 앞에서 이야기한 바와 같이, 아이들 교육을 위해 서울의 학교로 옮겨 보려 했는데 절차가 순조롭기에 이사 여유를 두고자 집을 팔았더니 웬걸, 서울 전근이 끝내 이루어지지 않고 말았다. 그렇게 쥔 돈을 동료 교사에게 빌려 주었던 것이다. 당시의 나라 경제나 나의 경제 상황을 생각하면 거액이었다고 하겠다. 한 학교에서 근무하는 동료이기도 했거니와 둘째 아이의 담임이었으니 어찌 믿지 않을 수 있었겠는가. 그런데 그가 영리를 도모하여 이리저리 일을 벌여 놓은 사람이라는 것을 나는 몰랐다. 어느 날 그가 가족을 이끌고 야반도주했다는 소식이 들이닥쳤다.

요즈음 말로 하자면 사업에 실패한 것이다.

 그가 간 곳을 이리저리 수소문하니 경기도 평택이었다. 돈을 떼인 동료가 나 말고도 하나 더 있어 그와 함께 평택으로 달려갔다. 우리 내외가 아끼고 아껴 모아 처음 마련한 집을 판 돈 아닌가! 그러나 그는 수중에 돈이 없다고 했다. 너무나 황당하여 고개를 돌리노라니 당시에 큰 다과점에서나 볼 수 있던, 웬만한 어른 키만 한 미제 철(鐵) 선풍기가 눈에 들어왔다. 선풍기가 부의 상징이었고 아이들 가정환경 조사의 주요 재산 품목이었던 시절에 그 큰 선풍기는 꽤 값나갈 물건이기는 했으나, 빌려준 돈에 견줄 바는 당연히 되지 못했다. 그게 무슨 보상이 되랴 싶었지만 어려운 살림에 없는 것보다는 낫지 않겠느냐는 눈짓이, 동행한 교사와 나 사이에 오갔다.

 그 육중한 것을 둘이서 들고 차를 갈아타 가며 중앙선 기차로 집에 왔는데 종내 사달이 나고 말았다. 동행한 동료가 몸집이 작고 힘을 쓰지 못해 내가 무리한 탓이었다. 허리의 통증이 워낙 심해 안동의 성소병원에 급기야 입원하고 말았다. 척추 디스크, 곧 추간판탈출증(椎間板脫出症)이었다. 꼼짝하지 못하고 누워 있은 것이 한 달 가량, 당시 우리 집에서 고등학교를 다니던 막내 처제가 국민학교 오 학년과 일 학년인 두 아들아이를 건사했지만 다섯 살 난 큰딸아이는 둘째 처제에게 맡겼다. 돌도 되지 않은 막내딸을 허리에 달고 병원 생활을 하며 수발하는 아내의 고생이 이만저만 아니었다.

　어미를 그리워한 큰아이가 어느 날 제 아우의 손을 잡고서는, 한 번도 타 보지 못한 기차를 타고 아비어미를 찾아오는 거사를 감행했다. 요행히 기차 안에서 둘째 동서를 만나 무사히 병원에 닿았다. 아픈 가슴을 쓸며 눈물이 쑥 빠지도록 아이들을 꾸짖어서 집으로 돌려보냈다. 두루 알다시피 쉬 낫는 질환이 아니었지만 나는 가능한 한 속히 생계의 현장으로 복귀해야 했다. 오늘날처럼 구급차가 있던 시절이 아니었다. 들것에 실려 기차를 타고 영주역에 내려 또한 들것에 실려 읍내를 관통해 집에 이르노라니 길이 온통, 구경거리 없던 시절의 아이들로 이어졌다. 아내가 손수건으로 얼굴을 가려 주었다. 증세가 나아진 것은 세 해 가량의 고생 뒤였고 나의 경제는 더욱 어려운 지경에 빠지게 되었다.

　훗날 그 교사는 자신의 퇴직금으로 빚잔치를 하는데, 가장 미안한 사람이 나인 만큼 가장 큰 액수를 할당했노라며 돈을 들고 왔다. 이자는커녕 원금의 삼분의 일도 되지 않는 돈이었다. 어찌 보면, 그로서는 안 갚아도 그만인 일이기도 했을 것이다. 우리가 겪고 있는 세태가 그렇지 않은가 말이다. 내가 스쳐 온, 그 숱한 비인간(非人間)들을 돌아보노라면 그는 내 가족에게 큰 고통을 준 사람이기는 하지만 절망적 인간은 아니었다는 생각이 든다.

　그 사건이 있은 지 얼마 후, 앞에서 이야기했듯이 막내 딸아이가 화상을 입었다. 아내는 장인의 요절로 어려워진 처가의 맏이로서,

내 맏형의 요절로 어려워진 내 집안의 며느리로서 분투해 온 것만으로도 마냥 고달픈 영육(靈肉)이었다. 거기에 겹친 환란들은 종내 아내를 무너뜨리고 말았다. 식음을 잊지 못하며 눈을 뜨지 못한 채 누워 있었다. 아내처럼 잔정 많은 둘째 처제가 또 큰딸아이를 데려갔다. 아내는 "소나무 작대기처럼" 말라 갔다. 고등학생인 막내 처제가 살림에 큰 힘이 되었다.

어미의 지시를 받아 큰아이가 장을 봐 왔다. 좁은 고장이니 장을 오가는 길에 아는 사람들 눈에 어찌 띄지 않겠는가. "사내놈이 시장 본다네!" 학교에서 아이들의 놀림도 많이 받아 속상해하면서도 싫다 소리 한마디 없이 시장을 오갔다. 무슨 일이었는지 모르겠지만 어느 날 내 종형 집에 심부름을 간 큰아이에게 형수가 물었다. "엄마는 어떠노?" 아이의 대답이 당돌했다. "노이로제라캐요." 형수는 웃었다. "아, 이눔아. 어린 게 어찌 노이로제를 안다고……." 아내의 증세를 보고 이웃이 입에 올린 것을 여남은 살 먹은 어린것이 마음에 새겨 두었던 것이리라. 참 무안했다는 게 아이의 기억이다. 아내 또한 계속 누워 있을 수 없는 형편이었다. 운신이 아니라 육신을 숫제 질질 끌며 공간을 채워 나가는 것이었다. 어미로서, 아내로서, 자식으로서, 며느리로서 그리고…….

끊임없이 이어지던 아내의 고생은 1974년 내가 뇌경색으로 쓰러지면서 절정으로 치닫게 된다. 시골 학교에서 가르치느라 집을 떠나 있는 남편의 건강은 한시도 마음 놓을 수 없지, 촛불처럼 위태로운 생계 속에 아이들은 쑥쑥 자라나지, 아내는 그야말로 안 해 본 것이 없다. 냉장고며 세탁기조차 없는 분주한 집안일 틈틈이 한 푼이라도 더 벌려고 몸을 혹사했다. 통조림거리로 일본에 수출하는 밤 깎기, 일본 옷 '기모노'용 천 가공이라고 하는 '홀치기' 등에 잠잘 시간도 던졌다. 노동의 값이 워낙 싸던 시절이니, 숨 가쁜 살림에 모이지도 않았지만 모인다 한들 목돈은 되지 않았다. 이따금 아이들 학비 등속이 요구하는 목돈은 계를 조직하여 충당했다.

밥은 정부미였다. 병충해에 강하고 소출이 많은 품종이라며 개발한 '통일벼'는 햅쌀이라도 맛이 없었는데 하물며 묵은 정부미임에랴. 라면조차 마음껏 먹일 수 없었다. 국수 한 묶음에 라면 한 개를 섞어 끓이면 풍기는 라면 맛이 웬만했다. 어쩌다, 그야말로 어쩌다 고깃국을 끓이면 감식(甘食)한 둘째가 늘 하는 말이 있었다.

"엄마, 황소가 건너간 물이라도 자주 끓여 먹었으면 좋겠어."

지금처럼 이런저런 상표의 튀김 닭이 있던 시절이 아니었다. 장을 보고 나오는 길에 아내가 큰맘 먹고 튀김 닭을 한 마리 사 오는 수가 있었다. 한 마리! 한창 자라나는 네 아이들에게 간에 기별이라도 갔겠는가. 아이들은 물렁뼈도 남기지 않았고 다리뼈일랑 부러뜨려 골수까지 파먹었다. 지금도 큰아이는 닭을 먹을 때면 그렇게 한다고 한다. 제 아이들에게 옛이야기를 해 주면서.

아이들의 과자는, 시장에서 멍석 위에 쌓아 놓고 됫박으로 되어서 파는 건빵이었다. 과일이라고 먹일 수 있는 것은 이를테면 낙과

(落果)라고 하는 병든 사과였다. 모양이 흉해서 그렇지 값싸고 먹을 만한 양이 많았던 것이다. 그것도 여유가 되지 않을 때에는 당근으로 대신했다. 처음에는 석유 냄새 난다며 꺼리던 아이들도 익숙해졌다. "나는 당근이 과일인 줄 알았어." 아들아이들의, 아픈 농담이기는 하지만 그리 쓰지(苦) 않은 회상이다.

어느 날 장모가 집에 오셨다가 하 마음이 아파 큰딸아이에게 위로로서 물어 보셨다. "힘들지 않으냐?" 여남은 살 난 아이가 대답했다. "할매, 우리는 '이게 사는 건가 보다!' 하고 살아요." 장모는 생전에 이 일을 노래처럼 되뇌셨고 그때마다 말을 잇지 못하고 눈물을 보이셨다. "그 어린것의 입에서 그런 말이 나올 정도였으니……!"

우리 내외의 노동과 의지는 마침내 아이 넷을 대학 공부까지 시켜 냈다. 나도 나였지만, 그 사이 아내의 쇠약은 가히 극에 달했다. 여느 사람은 느끼지 못할 '길거리 냄새'조차 비위를 상하게 해 시장에 가는 일도 고역이었다. 무시로 구역질을 해대야만 갔다 올 수 있었다. 피치 못하게 차를 타고 가는 일은 쇠약한 육신을 축 늘어지게 했다. 기차 타는 일도 돈에다가 심한 멀미를 얹어 치러야 했으니 버스일랑 가히 죽음이었다. 이것은 큰아이가 1986년 1월에 제 첫 월급을 던져 지어 준 한약으로 현저하게 나아진다. 큰아이의 한의사 친구가 진단하여 녹용을 처방해 주었던 것이다. 약을 다 복용했을 무렵에는 버스를 타고 멀리 가도 아무렇지 않았으니, 우리는 한의학에 있어서 녹용의 효능에 관해서만은 엄지손가락을 치켜드는 것이다. 이윽고 아이들이 하나둘 훌륭히 자립해 나가면서 형편이 나아지자 아내의 건강도 자연히 이를 따랐다.

아내의 벗 중에 영주역 앞에서 잡화점을 꽤 크게 하던 '재경이 엄마'라는 이가 있었다. 우리가 영주를 떠난 뒤에도 아내와 가끔 전화로 오가며 정을 나누던 이였다. 언젠가 아내가 친정에 다니러 가는 길에 만났는데 축(縮)이 간 아내의 얼굴에 마음 아파하며 불고기로 점심을 사 주더란다. 타고나기를 고기일랑 비위에 맞지 않아 못 먹는 아내인데 그리도 맛있게 먹었다며 지금도 잊지 못해한다. 아무렴 고기가 맛이 있었으랴? 그 도타운 정에 겨웠을 터이니, 맹물 한 그릇을 건넸던들 맛이 없었을 것인가. 아내의 동기(同氣)들이 지나는 길에 인사하러 들러도 환하게 웃으며 진심으로 과자를 한 아름 안겨 주던 벗인데, 연전에 문득 세상을 떠났다는 슬픈 소식이 들려 왔다. 이렇게 고통의 세월 한컨을 따사롭게 해 주었던 사람도 있다. 우리에게 베푼 사랑만으로도 그이는 천국에 이르렀을 것이다.

그 모든 것을 웃으며 이야기할 수 있게 된 오늘에, 아내는 밤 깎는 일을 할 때 쓰던 칼을 버리지 않고 간직하고 있다. 큰아이는 장차 그것을 제가 이어서 간직하겠다고 한다. 나태와 교만이 영혼을 침범할라치면 그 시절의 기억으로 자신을 날카로이 벼리려는 뜻일 것이다.

가슴 아파라…… 아버지, 어머니

중국 육조시대의 일화집인 〈세설신어(世說新語)〉는 이야기한다. 진(晉)의 환온(桓溫)이 촉(蜀)을 정벌하기 위해 여러 척의 배에 군사를 나누어 싣고 양자강 중류의 협곡인 삼협(三峽)을 통과할 때 있었던 일이라 한다. 환온의 부하 하나가 원숭이 새끼 한 마리를 잡아서 배에 실었다. 어미 원숭이가 뒤따라왔으나 물 때문에 배에는 오르지 못하고 강가에서 슬피 울부짖었다. 이윽고 배가 출발하자 어미 원숭이는 강가에 병풍처럼 펼쳐진 벼랑도 아랑곳하지 않고 필사적으로 배를 쫓아왔다. 배는 백여 리쯤 나아간 뒤 강기슭에 닿았다. 어미 원숭이는 서슴없이 배에 뛰어올랐는데 그만 그대로 죽고 말았다. 어미 원숭이의 배를 갈라 보니 너무나 애통한 나머지 창자가 토막토막 끊어져 있었다.

'간담이 타고 찢어지는 것 같다. 내가 죽고 네가 사는 것이 이치에 마땅한데, 천지가 깜깜하고 해조차 빛이 변했구나. 슬프다 내 아들아, 나를 두고 어디에 갔느냐. (중략) 마음이 죽고 껍데기만 남아 이렇게 울부짖을 따름이다. 하룻밤 지내기가 한 해를 지내는 것과 같구나.' 이순신은 셋째 아들 '면'의 전사 소식을 접하고 아버지의 애끓는 심정을 '난중일기'에서 이렇게 토로한다.

자식을 잃은 아픔을 참척(慘慽)이라 한다. '무자비한 슬픔'이라는 글자 풀이로 그 아픔을 얼마나 전달할 수 있으랴. '단장(斷腸)'이라는 말도 그 고통의 한 면모에 지나지 않을 것이다. 우리의 언어는 인간사의 차원조차 충분히 그려 낼 수 없는, 보잘것없는 것이다.

아버지 어머니는 그 비극의 한가운데에 계셨다. 열 손가락 깨물어 아프지 않은 손가락 없다지만, 그 손가락이, 이웃들이 우리 집 자식이 아니라는 농을 할 정도로 용모가 헌헌(軒軒)하고 품새가 널렀던 맏형이었으니 그 가슴이 어떠하셨을까! 충호야, 충호야! 흡사 비명처럼 아들의 이름을 부르시며 마루에서 몸을 던져 마당을 굴러 통곡하시던 모습을 생각하면 아직도 눈물이 난다.

문득 복통을 호소하며 변소 출입이 잦아지시던 아버지셨다. 예사롭지 않아 봉화의 병원에 모시고 갔더니 위암이라는 것이다. 특별한 약도 없던 시절인 데다가 그것도 산골이라 의사의 별다른 처방도 받아들지 못하고 돌아섰다. 아버지는 영주의 병원에 며칠 입원하셨다가 퇴원하셨다. 춘양행 버스를 타고 우곡에서 내려 '활개미재'를 걸어 넘는데, 아버지의 뒷모습을 바라보노라니 가슴이 찢어지는 듯했다. 건강이나 섭생(攝生)과는 거리가 멀었던 가난도 가난이지만 맏아들을 잃은 참척이 아버지를 그리 쇠약하게 한 것 아니겠는가. 아버지의 고통은 심해져서 급기야 "아이구, 아이구!" 소리치실 정도였다. 퇴원하시고 며칠 지나지 않아 아버지는 돌아가셨다. 증세를 느끼신 지 한 해도 되지 않아서. 회갑을 맞으시던 해, 그러나 회갑 상도 받지 못하시고…….

누군들 부모에게 정성을 기울이지 않으랴만 나는 각별했다는 것이 내 동기(同氣)들을 비롯한 주변의 평이다. 마침 큰아이가 제 고모들에게서 들은 아비의 일화를 가지고 시를 한 편 쓴 게 있다기에 여기 옮겨 본다.

說話 1

이야기가 끊어졌다. 허위허위 헤쳐 온, 겨 속 같은 세월 어디쯤의 荒漠을 짚어 보는 것일까. 마른 솔가지 같은 손으로 식은 방바닥을 가만가만 쓸며 노모는 호롱불에 하늘거리고 있었다. 심지 끝을 겨우 붙들고 선 불꽃. 어둠이 그을음처럼 알갱이째 드러나는 薄明 속에서 어깨로 숨을 쉬며 노모는 아궁이처럼 사위어 가고 있었다. 아들은 낮에 따 놓은 계란이 생각났다. 행여 불꽃이 쓰러질세라 가만히 일어나 문을 열었다. 어둠에 매복한 바람이 달려들어 불꽃을 쓰러뜨렸다. 칠흑 속 살강을 더듬으며 아들은 문득 목이 메었다.

  적막한 방. 눅눅한 성냥개비 끝에 푸른 불이 일면서 소스라쳤던 어둠이, 이내 두런거리기 시작했다. 노모는 힘없이 턱을 떨어뜨리고 잠들어 있었다. 손끝에 등유를 조금 묻히며 아들은 심지를 돋우었다. 그리고 호롱불에 계란을 데우기 시작했다.

  미상불 그랬다. 그러나 나는 아버지께도 어머니께도 효를 다하지 못했다. 요르단 강 건너편은 희로애락 없는, 평화가 충만한 곳이라 하지만 그곳에서조차 아버지는 마음 아파하셨을 것이다. 무엇보다 어머니의 고난이 그러셨을 것이다. 나아지지 않는 살림살이에 농사로 고된 노동의 하루하루였다. 뽕나무에 올라가 뽕잎을 따다가 떨어져 가지에 가슴을 찔리신 일도 있다. 뛰는 심장이 상처를 통해 보일 정도였으니 그 일로 돌아가시지 않은 것만으로도 기적이라 할 만했다. 그랬으면 말년이라도 편안해야 마땅하거늘 어머니는 예순하나에 중풍으로 쓰러지셨다. 훗날 나와 바로 위의 형이 같은 중세로 쓰러진 것으로 보아 가계에 고혈압 인자가 있다 하겠지만, 의술과 약이 가깝고 건강에 대한 관심이 과할 정도로 높은 요즈음의 반이라도 되는 시절이었으면 그렇게 쓰러지셨을까.

  그리고 몇 년 뒤 내가 쓰러졌다. 또 몇 년 뒤 형이 쓰러졌는데, 소출이 많고 병충해에 강하지만 쌀의 맛이 없어서 농민들이 기피하던 통일벼 재배를 독려하는 등 수확 증대 전선에 농촌의 일선 공무원들이 마구 내몰리던 시절이었다. 형은 면장 직에 있었다. 과로로 인한 고혈압 발작이었다. 형은 얼마 뒤 재발한 증세로 자리보전 끝에 유명을 달리했다. 어머니는 두 번째 참척을 당하신 것이다. 참으로 잔혹한 운명이었다.

내가 쓰러지고 어려웠던 살림 이야기는 이미 한 바 있다. 대구에서 가까스로 마련한 집은 방 세 칸짜리의, 가히 누옥(陋屋)이었다. 그나마 형편 때문에 두 칸은 세를 놓을 수밖에 없었다. 여섯 식구가 한 방에 머물렀다. 대입 수험생이던 큰아이는 부엌 위에 얹힌, 허리도 제대로 펼 수 없는 다락에서 공부했다. 어머니를 모시지 못하니 이웃의, 그나마 형편이 나은 끝 여동생네에서 머무르시던 어머니는 종내 시골의 맏형수에게 가실 수밖에 없었다.

어머니를 생각하면 오장육부가 녹아내리는 듯하다. 어머니는 그렇게 스무 해를 암흑 속에 사셨다. 생활이 아니라 '연명'의 경계에서 촛불처럼 하늘거리시다가 끝내 여든하나에 한 많은 삶을 놓으셨다. 연탄 창고를 고쳐서라도 모셔야 했을 것을. 어머니…….

큰아이는 어려서부터 할머니에게 그리 정을 붙이지 못했다. 제 어미의 고생이 앞을 막은 탓도 있을 것이다. 그 아이조차 노년에 들어선 이제 할머니 생각에 무시로 아파하고 죄스러워한다. 아이가 쓴, 또 한 편의 시에 이 뼈아픈 소회를 기댄다.

寒食

막 바뀐 세기와 천년기보다 우리에게는
아버지의 일흔 해 삶이 더 유장했지요.
수도 아니라 온 나라 사람을 가르는 강의
남쪽일랑 해당하지 않는 소위 남서부에서
하나뿐인 특급임을 자랑하는 호텔하고도
고대 국가 이름이 붙은 연회장.
할머니 喪 이후 근 스무 해 만이었을걸요,
피붙이들이 비둘기처럼 모였던 게.
잔치에 붙은 稀宴이라는 이름은,
마흔셋의 장년을 쓰러뜨렸던 병마를
말끔히 털어내지 못한 채 정년에 이르도록
분필 가루와 숱한 汚穢를 뒤썼을 주인공의,
모두가 기적이라 부르는 반생에 대한 獻辭.
그러니 말라리아 흡사히 앓던 제 식솔들의
두통, 구토, 발열, 오한이 문제였겠어요?

피붙이 아닌 이로는 형제 같은 동무 하나,
그 실직자가 건네는 봉투를 한사코 뿌리치자
돌연 마이크 잡고 방을 누비던 誠心의 부조.
세 남매 보란 듯이 키워 낸 큰어머니,

노랫소리 고와 스물여덟 靑孀 새삼스럽데요.
일생 패랭이꽃 큰고모의 '여자의 일생',
산허리, 바위틈, 그 꽃의 植生이고 보면
이미자가 부를 노래 애당초 아니었어요.
작은고모, 이적지 산골 예배당 처녀이듯
찬송가, 그건 좀 뭣하지 않아요, 할머니?
맏상주 나오너라, 맏상주.
큰아들 아닌 맏상주, 도무지 언짢지 않은 反語.
몇 날을 두고 아프던 육신에 노래라
영을 넘고 강을 건너, 그 노랫말처럼
가락을 오르내리며 꺽꺽거리노라니
문득 좌중이 제 눈에 水溶되어 온 것은
깨지고 바스러지던 삭신 탓은 아니었어요.

니가 큰일 했구나, 마흔 훌쩍 넘긴 조카지만
제 엉덩이를 두드려 주며 칭찬하던 이들.
인젠 죽은 사람이 모두들 불러 모을 텐데
봄가을 두 번은 만나 놀자 했던 약속일랑
그 뒤 한 번도 지켜지지 못했어요.
감기가 오래 가 걱정이라며 돌아선 큰어머니는
감기 아니었던 惡疾로, 바쁠 일 없는 길을 가고
큰 키의 당숙모가 성큼성큼 뒤를 따랐지요.

제일 젊은 내가 이 어른들 다 뫼신 뒤에 가야지요,
굿을 때마다 미덥던, 사람 좋은 작은고모부는
약속을 어기며 대체 뭐가 그리 급했던 건지요.

앓느라 그날의 사진에서 빠진 제 두 아이가
그 또래의 제 아비보다 헌헌한 오늘
아버지 어느덧 팔순.
예전엔 팔순, 구순을 살아 내는 일 거의 없어
칠순처럼 달리 부르는 이름이 없다지요.
그 약속에 남은 이로야 동갑 어머니와 작은고모,
도회의 변두리에 봄나물 캐러나 다니고요.
패랭이, 십자 형틀에 박힌 아들을 보고 흘린
첫 천년기 한 어머니의 눈물에서 핀 꽃.
맏아들 쓰러진 큰고모는 안식 종내 없으려는지.
아궁이 사윈 뒤면 호롱불에 계란을 데워 드렸다는
전설의 태생 효자 아버지는 장차
이 두메의 할머니 곁에서 쉬리라니 애틋해요.
할머니, 후생 가서도 부디 우리 다시 만나요.
그곳은 슬픔도 눈물도 없는 곳이라 하나
우리 모두 부둥켜안고 해울음 울어요.
생각만으로도 가슴 먹먹해지는
할머니, 어머니…….

제2부

사랑하였으므로 행복하였네라

두 아들아이는 비슷한 시기에 군 복무를 했는데, 그때 가족이 서로 나눈 편지가 많았다. 그중 우리가 보관한 여든 통 남짓을 정리했다. 어려운 삶의 막바지에서 주고받은 글월이라 각별한 데가 있고, 아이들이 본격적인 삶에 부대끼기 전의 고운 모습을 보여 주고 있어 그리운 것이다.

두 아들아이는 비슷한 시기에 군 복무를 했는데, 그때 가족이 서로 나눈 편지가 많았다. 그중 우리가 보관한 여든 통 남짓을 정리했다. 어려운 삶의 막바지에서 주고받은 글월이라 각별한 데가 있고, 아이들이 본격적인 삶에 부대끼기 전의 고운 모습을 보여주고 있어 그리한 것이다. 그런데 작은아이는 받은 편지를 제대로 보관하지 않았던 것인지, 우리가 그 아이에게 보낸 편지를 찾을 수 없다.
 이제 모두 자립해 나간 지 오래, 각자의 삶을 경영해 가노라니 서로에게 서운할 때도 있고 소홀하게 되는 경우도 있을 것이다. 그럴 때에 이 시절의 기록과 그때의 절절한 소회들을 되새김질해 보면 엇나간 곳이 또렷해지고 지향해야 할 지점이 명료해질 것이다.
 이 글의 다른 부분과 견주자면 양이 많지만, 우리의 생활상과 사무침이 생생한 기록인 만큼 그대로 싣는다. 그 시절의 사회상이며 풍속이 심심찮게 눈에 띄는 것은 덤이라 하겠다.

그리운 아들에게

큰아들 보아라.

네가 입대한 지 두 주일이 되었구나. 이 엄마의 마음에는 몇 달이 흐른 것 같다. 그렇게 소식을 기다리던 어느 날 교육대장의 서신을 받고 얼마나 반가웠는지 모른다. 네 필체와 비슷한 걸 보아 쓰기는 네가 쓴 것으로 생각한다. 아버지가 이번 주가 당직이셔서 집에 못 오시니 내가 교육대장에게 회답하고 또 너에게 쓴다.

여기 식구들은 모두 잘 있다. 단체 생활과 훈련으로 많이 힘들겠구나. 자는 시간이 되면 푹 자고 밥을 많이 먹어라. 건강이 가장 소중하지 않겠느냐. 적응이 채 되지 않았겠지만 하루 속히 그 생활에 익숙해지기를 엄마는 빌고 있다.

동생들은 모두 시험 기간이다. 열심히 공부하고 있단다. 형○이는 성적을 올려 오빠한테 자랑하겠다고 열심이다. 동ㅇ는 네가 일러 놓고 가서인지 더욱 집에 신경 쓰고 있다. 그러니 집 걱정은 조금도 말고 네 건강에 전념해라.

네가 간 후로 집이 텅 빈 것 같다. 우리 가족 모두가 기둥이지만 가장 큰 기둥은 역시 너이기에 그런가 보다. 아랫방을 세놓았는데 신혼부부인가 보더라. 사람들이 좋아 보인다. 둘 다 직장인이라 집 볼 사람이 없다.

아버지가 오시면 네 소식 알려 드리려 한다. 네가 쓴 편지는 언제 받아 볼 수 있을지 무척 기다려지는구나. 새 생활에 빨리 익숙해지기를 바라며 건강에 신경 쓰기를 거듭 부탁한다.

대구에서 엄마가.

맏이에게.

서늘했던 가을은 가고 상강(霜降)을 이미 보낸 계절이 자못 쌀쌀하다. 너를 보낸 후 사뭇 소식을 몰라 몹시 궁금하던 차에 너의 편지를 받고 보니 참 마음이 놓이는구나.

훈련에 열중하고 있다니 무엇보다 기쁘다. 우리는 모두 잘 있으니 안심하여라. 집에서는 나 없는 시간을 이용하여 아랫방 수리에 한창이더니 거의 끝난 모양, 신혼부부가 들어왔나 보더라.

거울이 될 수 있도록 묵묵히 노력하고 있다니 천만다행이다. 네가 다니던 천주교의 진리가 큰 지침이 되고 있을 줄로 안다. 이천 년 전의 그리스도의 말에 '마음속으로 의심하지 않고 자기가 말하는 대로 이루어진다고 믿으면 그대로 될 것이다.' 하는 취지의 말이 있으니 그 얼마나 자유스런 말이냐. 오직 나의 희망을 위하여 밝은 마음으로 행동하면 장차 그 영광이 반드시 나에게 돌아온다는 확신을 갖고 하루하루에 임해라.

  나도 건강만을 생각하고 노력하고 있고 또한 모든 가족이 그러할 것이니, 부디 집에는 노심초사하지 말고 너의 건강에 힘쓰며 생활하기를 바란다. 이 모든 것을 위하여 나는 매일 기도하고 있단다.

  아무래도 훈련이 끝난 다음 달 중순경이라야 면회가 가능하겠지? 그때 만나기를 고대하면서 이만 줄인다.

상사에서 아비가.

보고 싶은 큰아들.

그동안 건강하게 생활 잘하고 있느냐?

  네가 입대한 지 다섯 주가 지나 여섯 주째에 접어들었구나. 짧다면 짧고 길다면 아주 긴 시간이었다. 네가 훈련을 받는 동안 한 계절이 가려 한다. 벌써 11월 중순이니 날씨가 걱정이다. 남쪽인 여기가 많이 쌀쌀하니 네가 있는 그곳은 겨울을 느끼게 할 만큼 춥겠구나.

늘 건강만을 생각하여 생활해 나가도록 해라. 이십오 년이 넘도록 널 보아 온 엄마라서 처음에는 염려되었지만 너를 믿게 되더구나. 남은 훈련을 잘 마치도록 해라. 모두 잘하고 있으니 집은 걱정하지 마라.

이 엄마는 그간 제주도에 다녀왔는데 참 좋더라. 다녀 본 곳 중 가장 좋았다. 요즈음은 무언가 집이 안정되어 간다는 느낌이 들어 마음이 편하다. 네가 군 생활을 잘하고 있으니 한결 편해진다.

힘겨워하며 겪는 모든 일, 거치는 시간들은 어느 시점에서 돌아보면 그저 삶의 한 부분인 것 같다. 지금 네가 거쳐 가고 있는 생활도 어떻게 엮어 가느냐에 따라 인생이 달라지겠지.

얼마 전 기정이가 다녀갔다. 수동이는 종종 너의 안부를 물어 온다. 내가 제주도 간 사이에 일건이가 휴가 나와서 동O를 불러내어 네 안부를 묻고는 동생들 과자를 사 주고 갔다. 병구한테서도 전화가 왔었다.

이번 겨울이 지나고 또 겨울이 지나야 너와 예전처럼 같이할 수 있겠지. 군에서는 겨울을 나는 것이 가장 큰 일이라던데 잘 지내도록 해라. 이제는 훈련이 끝난 후라야 네 편지를 받아 볼 수 있겠구나.

엄마가.

큰아들 보아라.

올해도 마지막을 향해 치닫고 있구나. 눈이 낯설지 않은 그곳 날씨가 생활에 한층 어려움을 가져오겠지. 본격적인 추위가 시작될 테니 지급되는 내의를 거추장스럽다 생각 말고 두텁게 입어라. 집에 있을 때처럼 안 입지 말고. 여기도 며칠 전부터 기온이 떨어지고 눈도 한 번 내렸다.

아버지도 나도 건강히 잘 지내고 있다. 동생들도 네가 가면서 시킨 일들을 잘해 나가고 있다. 네 편지 받은 어제, 17일, 동ㅇ의 카투사 시험 발표가 있었다. 합격했다. 우리한테 일언반구도 없이 본 시험이다. 공부를 전혀 하지 않고 치른 시험이라는데 합격했으니 참 좋다. 칠백 명 가까운 응시생 중에서 백오십 명쯤 뽑혔다고 한다.

네 편지 읽노라니 마음에 끼여 있던 모든 일들이 말끔하게 사라지는 것 같았다. 형ㅇ이는 네 편지 받고 열심히 공부하더니 반 일등을 다시 찾았다. 네 말처럼 우리 사랑 덩어리가 잘해 주고 있구나. 동ㅇ, 영ㅇ도 다음 주부터 학기말시험이다. 잘 치르도록 멀리서라도 성원해 주어라.

네 편지 오기 전 후배 세황이한테서 전화가 왔었다. 수동이한테서는 전화가 자주 오는구나. 기정이한테 연락을 한번 해 보아라. 내가 전화번호를 몰라 전화하지 못하고 있다. 일건이 주소를 알려고 전화했더니 은선이가 서울 가 있어서 알아내지 못했다. 다음에 알려 주겠다. 모두 좋은 사람들이다.

훈련이 끝났으니 주말에는 언제라도 찾아가면 되는지 모르겠다. 추위에 조심하여 잘 지내라.

엄마가.

맏이에게.

그간 건강히 잘 있었느냐? 나는 편안히 잘 있다. 얼마 전에 네 어머니가 너에게 다녀와서 전해 준 소식 잘 들었다.

오늘도 영하 이십 도가 넘는 날씨에 떨고 있을 모습이 눈에 선하구나. 굳게 참고 모든 것을 이겨 내어라. 몸이 첫째이니 늘 조심하고.

나는 2월 5일이 개학이다. 방학을 집에서 편안히 보내노라니 군에 있는 네가 자꾸만 보고 싶어진다. 모쪼록 건강에 유의하여 군무에 성실히 임하기 바란다.

아비가 쓴다.

우리 맏이 보게.

내가 너에게 다녀온 지도 삼 주가 지나고, 어느덧 해가 바뀌어 84년 새해를 맞는구나. 네가 집을 떠난 것이 얼마 되지 않았는데 몇 년이 지난 듯 아득하다.

우리는 모두 잘 있다. 동ㅇ와 영ㅇ가 카드를 보냈는데 회답이 없으니 참으로 궁금하다. 우체부 소리가 들릴 때면 너의 편지를 기대하는 것이 중요 일과다.

여기는 얼마 전 한 번 내린 후로는 눈 소식이 없지만, 방송에서 들으니 요즈음 중부 지방에 눈이 많이 온다고 하니 네가 고생스럽겠구나. 항상 건강에 유의해라. 옷 두텁게 입고.

네 친구들에게서 전화나 연하장이 자주 온다. 수동이는 전화를 자주 해 오고 일건이와 동윤이는 연하장을 보내 왔더구나. 기정이는 너 면회 한 번 간다더니 갔는지 모르겠다. 수동이도 친구 결혼식에 갔다가 너에게 다녀올 생각이라는데 일월 중순쯤이 될 것 같다고 한다. 나를 잊지 않고 그리도 소식을 전해 오니 흐뭇하다. 참 좋은 사람들이다.

이 엄마는 늘 너의 건강을 빌고 있다. 회답 기다린다.

엄마가 보낸다.

맏이에게.

그동안 몸 편히 잘 있었느냐? 이곳 아비도 너의 원념지덕으로 무사하다. 방학이라 집에 와 있다. 그곳의 추위가 대단하다는데 어떻게든 잘 이겨 내도록 해라.

동ㅇ는 5월 10일에 논산 훈련소에 들어가는데, 개학해 나도 집을 떠나면 집에 남자가 없을 테니 걱정이다. 우리 가족이 겪어야 할 마지막 과정일 것 같구나.

  네가 뜻했던 바를 운이 따르지 못해 이루지 못하고 군에 가게 되었으니 걱정이었으나, 네 편지를 받고는 한층 너를 믿게 되었다. 비록 뜻을 이루지는 못했지만 거기에 쏟은 노력은, 네가 군을 마치고 나가더라도 큰 힘이 되리라고 생각한다. 쓰라린 과거는 전화위복이 될 터이니 삶에 성실히 임하기만 하여라.

  집 걱정은 말고 군 생활에만 열중하기 바란다. 네가 보고 싶어 면회 가려 해도 네 어미가 말리는구나. 항상 건강하단 소식 기다리며 이만 줄인다.

  (형ㅇ이는 남산여고에 배정받았다.)

아비가.

우리 큰아들.

  어느덧 유월이구나. 건강히 잘 있겠지. 우리는 모두 잘 있다.

  네 동생, 동ㅇ가 입대한 지도 한 달이 지났다. 동ㅇ한테서는 두 번째 편지가 왔다. 몸 건강히 잘 있다고 하더라. 막내 외삼촌도 하숙한다며 나갔다.

  너희들이 집에 없으니 빈집 같아서 사람 사는 것 같지 않다. 동ㅇ가 형한테 편지한다고 하던데 받았느냐? 종규가 곧 휴가 나온다며 부대에서 전화로 너의 소식을 묻더니, 휴가 나왔다며 8일에 전화했더라. 네가 무척 보고 싶다면서 말이다.

홍엽이한테서도 사흘 연속 전화가 왔다. 9일에는 종수가 네 면회 다녀왔다면서 전화했더구나. 성훈이는 너한테 가 본다면서 주소를 묻기에 가르쳐 주었다.

서울 외삼촌과 이모의 전화번호가 바뀌었다. 써 놓을 테니 휴가 때 들를 수 있으면 들러라.

기온이 점점 올라가니 한층 건강에 신경 써라. 엄마는 너희들의 건강을 늘 기도하고 있다.

집에서 엄마가.

그리운 맏아들에게.

무더운 날씨에 건강히 잘 있느냐? 여기 모두 잘 있다.

지난번의 엄마 편지는 잘 받아 보았는지 궁금하다. 면회를 가려 했는데 막내 외삼촌이 간다기에 외삼촌한테 맡겼다. 네가 잘 있더라고 전화했더구나. 그 무렵에 동ㅇ한테서 전화가 왔다.

너의 친구, 종규가 동ㅇ 부대로 찾아가서 뭘 좀 사 먹이고는 우리한테 연락해 주었다. 동ㅇ는 의정부로 배치되었고 잘 있단다. 종규가 동ㅇ 데리고 너한테 한번 가겠다고 하더라. 다음 주에 동ㅇ 면회 갈 예정인데 너한테는 못 들를 것 같으니 과히 섭섭해 말거라. 외삼촌이 갔다 왔으니까.

영ㅇ는 지리산 캠핑을 다녀왔고 형ㅇ이는 수영장도 다니며 여름을 보내고 있다. 동ㅇ한테는 둘 중 하나를 데리고 가려는데 동ㅇ는 둘 다 보고 싶단다.

할 말은 많은데 말이 잘 안 된다. 급히 쓰느라 몇 자로 그친다. 다음에 또 하마. 더위 조심하고 집 걱정일랑 말아라.

엄마가.

말이, 엄마의 글 받아 보아라.

네가 휴가 다녀간 지도 넉 달이 되었구나. 몸 성히 군무에 열중하고 있느냐? 그간 너에게서 편지가 없어 우체부에게 매일 묻는다.

우리는 모두 잘 있다. 네 아버지는 주말에 집에 올 때마다 문을 들어서며 하는 첫마디가 너희들 편지 왔는지 묻는 것이다. 동ㅇ도 며칠 전 이박삼일로 다녀갔다. 형에게서 편지가 오지 않는다고 걱정이더구나. 기정이가 너의 편지를 받았다며 왔다가 갔다. 정작 집에는 소식이 없으니 걱정하고 있다. 며칠 전에 일건이가 다녀갔고, 네가 보고 싶다며 종규한테서 자주 전화가 온다. 종규 주소를 적어 보내마.

언제쯤 또 휴가 올 수 있느냐? 엄마는 어디 갈 일이 있어도 네가 올지 모른다 싶어 늘 집에 있다. 너희들 군 생활 무사히 마치고 오기를 늘 기도한다. 건강히 잘 있거라. 편지 받는 즉시 회답해다오.

(스킨을 보냈으니 엄마 생각하면서 쓰기를.)

아버지 어머니, 보십시오

아버지께.

넘실거리는 안개는 소리 없이 사라지고 무겁게 가라앉았던 하늘이 앞 계절의 냄새를 진동시키며 달려 올라가는, 마알간 오후입니다. 어머니와 동ㅇ의 서신을 통해 아버지 어머니 그간 건강하셨다는 소식 들으니 멀리 있는 못난 맏이로서는 그보다 반가운 게 없습니다.

아울러 못난 형, 부끄러운 오빠를 둔 동생들이 공부에나 집안일에나 열심히 임하고 있다 하니 형으로서 오빠로서 어깨가 무거워짐을 반가움과 함께 느꼈습니다. 이 만이는 염려 덕으로 건강한 몸에 알찬 생활을 꾸리고자 팔다리며 눈동자, 아랫배며 목젖에 힘을 주고 하루하루에 매달리고 있습니다.

사람의 능력이 아무리 뛰어나다 한들 다른 방면과 균형을 이루지 못한다면 아무런 효용을 발하지 못한다는 생각으로 이전의 여린 가슴, 연약한 눈물샘을 한 구석 한 구석 깎아 내며 진정한 의미의 변신을 시도하고 있습니다. 또한 힘이 들어도 하루하루 순간순간에 의미를 부여하고 다른 사람의 행태 하나하나에 저 자신을 비추어 보고 부끄럽지 않은 됨됨이를 이루고자 발버둥질도 한참입니다. 늦게 들어온 군문인 만큼 느끼는 것도 여느 사람과 다릅니다. 생활이란 저 자신에 대한 일련의 투쟁 과정입니다. 그리고 그 투쟁에서 적어도 패하지는 않고 있으며 앞으로도 그럴 것입니다. 아버지 아들이니까요. 어머니는 밥 먹는 것을 걱정하셨지만 사실 집에서 먹던 것의 배는 먹고 있습니다.

늘 기도하고 있습니다. 아버지 어머니의 건강, 동생들의 건강과 발전, 특히 형ㅇ이의 수석 합격을 말입니다. 그리고 항상 어금니를 물겠습니다. 어머니의 배를 처음 아프게 한 자식이기도 하니까요. 그러니 아버지 어머니도 걱정일랑 조금도 마시고 저희 남매의 반짝이는 눈동자와 아버지 어머니의 건강만을 생각하십시오. 우리 가족의 평화와 안녕이 제 기쁨이요 삶의 의미이니까요.

바람이 뺨에 상쾌합니다. 다시 한 번 모든 가족의 안녕을 빕니다. 또 글월 올리겠습니다.

맏이 올림.

아버지, 어머니께.

　세월이란 두고 보면 아득한 것이나 돌아보면 여름날의 뜬구름 같은 것이기도 합니다. 산은 빛을 바꾸었고 하늘은 조금 내려앉아, 발에 채 익지 않은 군화 밑에서 흙은 벌써 얼어붙은 소립니다.

　그간 별고 없으셨다는 소식 영ㅇ의 편지로 듣고 가슴이 뜨거운 바람으로 차올랐습니다. 아울러 사랑하는 동생들의 생활에 발전이 있고 건강하다는 소식 또한 큰 힘으로 제 등을 받쳐 주고 있습니다. 큰댁, 이모 댁, 고모 댁 모두 별고 없으리라 믿습니다.

　저는 이제 하나의 고개를 넘고 새로운 생활에 발을 들여놓았습니다. 일단은 자신과의 일련의 투쟁에서 패하지 않은 결과이겠지요. 아버지 말씀처럼 미숙하나마 제 가톨릭 신앙이 큰 힘이었습니다. 아버지 어머니의 글월, 그리고 '보고 싶은 형', '자랑스러운 오빠' 하며 못난 형이자 오빠에게 부드러운 입김을 불어 보내 준 동생들의 편지 또한 그에 못지않은 힘이었습니다.

　언제 어느 길모퉁이에서 시간을 묻고 길을 물었을지 모를, 혹은 험한 말을 주고받았을지도 모를 얼굴들과 한 모포 속에서 체온을 나누고 어려운 순간들을 함께했던 경험은 '과연 인간이란 무엇인가?' 하는 생각을 깊게 해 주었습니다. 훈련이 끝나고 각자 자신의 부대로 헤어지면서 몇 방울 눈물, 몇 마디 목멘 작별로 아쉬워하는 정경을 보노라니 인간이란 본디 선한 것이라는 생각이 들기도 했습니다.

사랑 넘치는 아버지 어머니의 글월에 회답 변변히 못 드린 잘못, 또한 변변치 못한 글월 받으시고 용서하십시오. 어머니의 제주도 여행 소식은 기나긴 시간 동안 제가 범한 어리석음을 새삼 돌아보게 해 주었습니다. 즐거운 여행이었다니 기쁩니다.

닦아야 빛나는 거울처럼 인간도 그러할 터인데, 바로 어려움으로 닦는 것이겠지요. 앞에 놓인 군 생활을 자아에 도움이 될 수 있도록 훌륭히 엮어 나갈 생각입니다. 그러니 부디 염려 마시고 아버지 어머니의 건강, 사랑하는 동생들의 발전에만 힘 쏟으십시오. 이 두서없는 글월을 저녁에 온 가족이 함께 읽으며 웃는 광경을 그려 보는 것도 무척 큰 힘이 됩니다.

친구들에게서 전화 오거든 주소 가르쳐 주십시오. 칼날 같은 날씨에 아무쪼록 건강하시기를 빌고 있습니다.

맏이 올림.

아버지 전 상서.

죄 많은 인간의 마음을 하얗게 덮어 버리려는 듯 눈송이들이 나부껴 밤도 밤 같지 않습니다. 차가운 나날 건강하시다는 소식에 불효 맏이의 코언저리가 반가움에 저려 왔습니다.

손금이 지워지도록 고생하시는 어머니 여전하시고 동생들 탈 없이 생활한다는 소식 아울러 힘입니다. 모두의 사랑과 염려 덕에 이 맏이는 잘 지내고 있습니다. 방송 신문에서 떠드는 이곳의 추위 때문에 많은 걱정을 하셨나 본데 아무 염려 마십시오. 생리적으로만 나이 먹고 행동 하나하나가 너무나 모자랐던 불효가 이제야 아버지께 글월 올리는 또 하나의 불효를 저질렀습니다.

오늘 동O의 합격 소식을 받았습니다. 못난 형과 같은 우를 범하지 않고 제 길을 잘 열어 가는 의젓한 모습에 무한히 반가우면서도, 이제 집이 휘휘하겠구나 하는 생각과 긴 시간 서로 한계상황에 몸담고 형제의 정을 나누어야 하는구나 생각에 착잡하기도 합니다. 그러나 두 번 겪어야 할 것을 한 번에 몰아 겪는 것에 불과하므로 그리 쓸쓸해 마십시오. 우리 가족이 건너야 할 마지막 강줄기에서 힘차게 노 젓는 일만 남았을 뿐이니까요.

지난날을 돌아보면 오점 일색이니 뼈에 사무칩니다. 군복을 벗으면 그 모든 것을 보상하고 삶을 진정한 의미에서 즐겨 보려고 이 물고 있습니다. 그러니 아무 염려 마시고 아버지 어머니의 건강에만 힘 쏟으십시오. 한줌 마음의 괴로움을 일요일마다 신부님과 함께하면서 하느님 앞에서 털어 버리고 늘 가족을 위해 기도하고 있습니다.

눈이 계속 내리나 봅니다. 생각사록 동O가 대견합니다. 이젠 자주 글월 올리겠습니다. 아무쪼록 건강을 지키셔야 합니다.

먼 곳에서 불효 맏이 올림.

엄마 보게.

지금 시각이 9일 열한 시 십 분. 마냥 흐르는 시간이 안타깝기 그지없어. 집을 떠나면서 약해지는 마음을 어찌할 수 없어 눈물을 머금기도 했지만, 그것이 앞으로 맞이할 생활에 아무 도움이 되지 않을 것이니 아무렇지 않게 생각하려고 애쓰고 있어. 여관에서 이렇게 엄마에게 편지 쓰고 있는 마음은 아쉬움과 그리움이 가득하지만 어차피 헤쳐 나가야 할 시간이라는 것 잘 알아. 그처럼 다정한 엄마 생각에, 훈련 받으면서 눈물도 많이 흘리겠지. 그러나 나약한 눈물이 아니라 다짐의 눈물일 것이니 염려 말게. 우리 집에 행복이 깃들기를 하느님께 빌며 이만 접겠어. 영○, 형○이 이제 오빠들 없어도 집안일 잘 도우라고 전해 주게. 잘 갔다가 8월에 만나세. 건강하게 잘 있게.

둘째가.

부모님 보십시오.

그리운 가족 소식을 눈가를 적시며 반가이 읽었습니다. 유월 팔일 집을 떠나온 지 한 달 만이군요. 읽을수록 복받쳤습니다. 같은 내무반 친구들도 가족, 친지들에게서 편지를 받아 들고 즐거워하고 있습니다. 가족을 향한 정이 누군들 없겠습니까만 저는 그 누구보다 각별합니다. 그래도 부모의 마음만 하겠는지요. 가족의 염려 덕에 잘해 나가고 있습니다.

편지를 받은 어제 오후, 창렬이의 편지도 함께였습니다. 편지를 읽는 것은, 읽는 즐거움을 줄 뿐만 아니라 저 자신을 굳건히 하는 사랑을 확인하게 합니다. 저야 나름으로 잘해 나갈 것이니, 늦은 나이에 입대한 데다 멀리 있는 형에게 자주 소식 주십시오.

어느덧 훈련소 생활도 반 이상이 흘러 사 주일이 지났습니다. 돌이키면 어떻게 지금에 이르렀는지 갸웃거려지기도 합니다. 시작이 반이라더니 옛말 하나 그른 게 없습니다. 이제 두 주일이 뒤면 녹음 더욱 짙은 유월 말, 다시 교육 받으러 훈련소를 떠나게 되겠지요. 변함없이 건강한 몸으로 성실히 임하겠습니다.

일요일마다 성당에 갑니다. 어머니야 불교신자지만, 늘 이야기 하시듯 모든 것은 하나로 통하니 우선 선한 마음으로 삶에 임해야 하리라 생각합니다. 언제나 가까이 있는 것처럼 가족들의 평안을 지면으로 들려주십시오. 우리 집을 튼튼히 한 어머니의 생활력과 의지, 저희를 이렇게 키워 주신 아버지의 노고가 헛되지 않게 어떤 상황에서도 활기차게 살겠습니다.

지난 현충일에 동생들에게 편지를 보냈는데 받았는지 모르겠습니다. 영ㅇ는 학교 가요제에 나갔다니 역시 오빠들보다 낫습니다. 대학 생활을 잘 꾸리고 있는 듯합니다. 다가온 기말시험 잘 치르기 바랍니다. 형ㅇ이도 열심히 공부하고 있다니 한층 반갑습니다. 남매 중 가장 활력 있는 아이라 더욱 마음이 가는군요. 두 아이에게는 한 주 뒤에 또 편지하겠습니다.

　부디 건강 지키십시오. 무엇보다 정신적 안정이 중요하니 신경 쓰이는 일이 있어도 쉽게 생각하십시오. 감정이 복받쳐 말이 잘 나오지 않는군요. 형ㅇ이 편지 기다립니다.

논산 연무에서 둘째 올림.

　아버지 어머니 보십시오.

　오늘이 어제가 되고 내일이 오늘이 되는 시간의 흐름 속에서 지난날의 따사로운 정이 나날을 성실히 살아가게 하는 뿌리가 되고 있습니다. 삶의 전 과정에서는 순간에 지나지 않을 그간 건강하셨는지요. 형에게서는 소식이 종종 있는지, 또한 영ㅇ, 형ㅇ이 모두 잘 생활하고 있는지 못내 궁금합니다. 막내 외삼촌은 직장에 잘 다니고 있겠지요. 맥주를 나누고 바둑을 두곤 하던 때가 생각납니다. 안부 전해 주십시오. 저에 대해서는 조금의 염려도 하지 마십시오. 집에 있을 때보다는 진일보한 생활 덕에, 입대 전 좋지 않았던 상태가 완전히 건강하게 바뀌었습니다. 어딘가 어설프고 강하지 못했던 저이기에 무척 염려하셨으리라 여깁니다.

　두 아들 모두 군에 보내고 아버지도 타지 생활을 하시니 집이 빈 것 같겠지요. 그러나 이 상황이 우리의 밝은 내일을 열어 줄 것입니다. 이십삼 년의 긴 세월을 아버지 어머니의 따뜻한 품에서 살아

오다가 이제는 제 스스로 헤쳐 나가야 할 때가 도래한 만큼 훌쩍 성장한 자신을 발견하고 있습니다. 결코 퇴보하지 않을 것입니다. 못내 아쉬워하는 어머니를 위로하고 버스에 올라 차창 밖으로 지나가는 모든 것을 바라볼 때 뜨거운 눈물이 앞을 가렸습니다만, 그것은 새삼 깊어진 정으로 다시 만날 약속이므로 이렇게 병영 생활을 열심히 할 수 있게 합니다.

요즈음 아버지는 학교 일에 무척 분주하시겠지요. 제가 집에 있을 때 많이 도와드리지 못해 죄송합니다. 영ㅇ가 그 자리를 좀 메워 주었으면 합니다. 주말에 집에 오시면 저희가 없더라도 늘 마음 편히 쉬시고 언제나 건강을 살피십시오. 누구보다 잔정 많고 마음 깊은 우리 어머니, 변함없이 우리 가정에 빛이 되도록 건강하시기를. 이 글을 마치고 바로 형에게 쓰려고 합니다. 유월 초에 형이 잠시 휴가 나온다고 알고 있습니다. 그때 이 편지도 보여 주십시오. 참, 우리 가족의 사진을 보내 주십시오.

휴일이라 시간 여유가 있어 처음 편지를 쓰는데 두서가 없습니다. 우리 가족 모두에게 하느님의 축복이 가득하기를 빕니다.

멀리 논산에서 둘째 올림.

부모님께.

거친 숨을 내뿜게 하던 태양의 기세도 잠깐의 단비로 한풀 꺾였습니다. 동생들과 함께 평안히 계시겠지요. 신병 훈련이 거의 끝났습니다. 당시에는 힘들고 지겨운 시간이라도 돌아보면 모든 게 순간입니다. 자주 소식 주시고 염려해 주신 덕에 건강합니다. 동생들과 친구들의 편지도 큰 힘입니다.

형의 편지를 받고 더욱 자신감을 갖고 생활합니다. 형을 좀 더 이해하게 되었고요. 예정된 휴가를 아직 나오지 않았다고 걱정 마십시오. 그것이 어떤 어려운 상황 때문이라고 하더라도 형은 굳은 의지로 이겨 낼 것이니까요. 형과 제가 우리 가정을 이끌 그날을 위해 이 모든 난관을 헤쳐 나갑니다. 그 길에서 무엇보다 중요한 것은 아버지 어머니를 비롯한 우리 가족의 건강이겠지요.

형ㅇ이는 공부에 열중하고 있겠지요. 방학이 곧 시작되는 만큼 더욱 열심히 하라고 전해 주십시오. 영ㅇ는 방학에 들어갔을 테지요. 기말시험은 잘 치렀는지요. 이모네, 외삼촌 모두 평안하시겠지요. 따로 편지 못 보내는 점 죄송하군요. 안부나마 전해 주십시오. 이 편지에 이어서 형에게 쓰려 합니다. 입대 후로는 형이 더욱 보고 싶습니다. 같이 군복을 입고 있어서인지는 모르겠지만, 형을 더욱 잘 알게 되었고 형제의 정이 더욱 절실히 느껴지는 것이 사실입니다.

지난 주말에도 성당에 가서 기도했습니다. 하느님, 언제나 저희 가족을 살피소서. 이제 한 달 가량 후에나 소식 드리게 될 것 같습니다. 그간 소식이 없더라도 염려 마시기 바랍니다.

연무에서 둘째 올림.

사랑하는 아우들에게

사랑하는 아우들에게.

문득 깨어 보니 귀밑에 서리 내렸더라는 옛 중국의 시인의 시구가 떠오른다. 아버지 어머니 건강하시고 너희 모두 열심히 생활하고 있다니 무척 기쁘다.

우리의 어린 외삼촌께서는 공부 열심히 하고 있겠지. 포장마차에서 나누던 쓴 소주가 목구멍에 그립다. 불콰해진 얼굴에 아세틸렌 등불의 희미한 빛이며, 혀가 꼬부라져 오히려 여유를 풍기는 대화들이 망막을 밟아 오고 고막을 간질이고 있다.

오오 참, 간난이는 잘 있느냐, 영구도 잘 있느냐? 동ㅇ는 내 섬세한, 어떤 의미로는 여린 마음을 염려하더라만 걱정할 것 하나 없다, 새로운 상황에 능동적으로 임하는 것도 나의 한 면모인 만큼. 맏이 대리인 동ㅇ는 이번에도 장학금을 받을 만큼 시험을 치렀겠고, 복덩이 큰딸 영○도 다음 학기엔 지난 학기처럼 삼천 원만 내고 다녀야지? 우리 복덩이, 합창 대회에서 좋은 성적 거두었는지 궁금하구나. 형○이는 수석 합격 투쟁에 잠을 설치고 있겠다. 형○아, 사실 오빠는 요즘 네게 뽀뽀를 못 해서 허전하다, 허전해.

 가 버린 내 젊음을 생각한다. 매사에 성실히 임하고 하나하나에 완벽을 기하도록 해라. 그리고 모든 것의 중심에 아버지 어머니를 두고 사고하고 행동해라. 실패는 나 하나로 족하지 않겠느냐.

 동○의 기타 연주에 우리가 유쾌히 어울렸던 양희은이며 송창식 등을 생각한다. 동○는 창비 시선과 실천문학사 신간 시집 목록을 작성해 두어라. 학교 신문에 실리는 광고를 오려 두면 되겠지. 열심히 살아라. 그렇게 목표를 달성해서 집에서 오는 기쁜 소식에 내가 환호작약할 수 있도록 해다오.

 두서없어서 미안하다. 모쪼록 건강히 지내라.

형이자 오빠가 쓴다.

 사랑하는 아우들에게.

 여러 가지 경험을 하다 보니 시간의 흐름도 상대적인 것임에 틀림없다는 느낌이다. 눈이 낯설지 않은 절기에 건강하다니 그만큼 반가운 소식이 없으리라.

맏이라 해야 어울릴, 심성이 어진 동○는 공부의 폭과 깊이를 웬만큼 늘렸으며, 복덩이 영○는 이제 대학이란 어떤 존재이고 대학 생활이란 어떤 것인가를 알게 되었겠지. 사랑 덩어리 형○이는 자신감을 갖고 수석 전열 정비에 여념이 없겠구나.

나는 목을 빠져나와 바야흐로 돛을 올리고 있다. 힘들다면 힘든 생활 중에 일주일에 한 번 신부님을 뵙고 미사를 드리며 힘을 얻고 너희의 편지로 마음을 다져 온 결과지. 역시 하느님은 의지를 가진 분으로 계심을 느꼈다. 어느 경우보다 생생한 체험으로, 완전하지는 않지만 신앙이 어느 정도 굳어져 있다는 말이다.

동○는 공부 틈틈이 교리 연구에 꼭 나가라. 영○는 이번 겨울에 책을 많이 읽고 영어와 불어를 웬만한 수준에 올려놓도록 해라. 형○이는 이제 얼마 남지 않은 결전에 대비해서 영양가 있는 것 많이 해 달래서 먹어라. 입시 후에 가지게 될 여유 시간에는 성서를 읽고 여러 가지 생각을 해 봤으면 한다.

아버지 어머니께 보내는 편지에 할 말을 죄 쏟아 놓고 보니 너희에게는 영 뒤죽박죽이다. 매운 오후다. 모두의 건강을 하느님께 빈다. 보고 싶다.

형이며 오빠가.

사랑하는 동ㅇ에게.

아직 이 형의 가슴에는 순수한 구석이 제법 존재하는지, 무심히 참으로 무심히 눈발이 흩날린 어제 속눈썹을 따뜻이 적셨네?

원래 모자라는 됨됨이라 두 주일이라는 시간이 흐르고서야 이렇게 펜을 들었다. 무사히 귀가했다니 반갑고 두루 별일 없다니 기쁘다. 보내 준 책, 잘 받았다. 시간의 흐름에 어떻게든 깎이지 않고 내 삶을 지키기 위한 노력의 일환이다.

또 한 해가 흘렀다. 내 젊음은 다 갔고 네 젊음은 무르익겠구나. 진정 비옥한 젊음이 되도록 깊이 생각하여라. 영ㅇ, 형ㅇ이가 방학을 잘 꾸려 가도록 이끌어 주어라. 돌아서는 길, 글자 그대로 발이 떨어지지 않았다. 서운하여 가슴이 무너져 내리고 내 밟아 온 길이 돌아보였다. 잘못된 삶의 대가라는 것을 알고 있지만 그래도 야속하여 참으로 쓸쓸했다.

바람이 칼날이다. 늘 우리 가족을 위해 기도하고 있다. 안녕.

형이.

사랑하는 아우, 동ㅇ에게.

채갓채갓, 아침 하늘에서 까치 울음소리가 바람에 묻어오면 가슴 한 구석에 뭔지 모를, 피어오르는 것이 있다.

그간도 부모님 모시고 생활 잘 꾸리고 있을 줄 믿는다. 영ㅇ, 형

ㅇ이 또한 잘 있겠지. 시험은 처음처럼 잘 치렀는지 궁금하다. 영ㅇ와 형ㅇ이의, 목표를 향한 한 걸음 한 걸음이 뜻대로 잘 놓이고 있으리라는 데에 내 기쁨의 상당한 부분을 얹어 두고 있다. 나는 잘 있다, 네가 맏이 역할까지 해 내는 덕분에.

　부쩍 옛 생각이 머리를 채운다. 우리가 잠자리에 들 때면 손을 잡고 누웠던 일이며, 머리가 굵어지면서 이따금 있기는 했지만 우리의 정리(情理)를 확인하는 것으로 늘 마무리되던 의견 충돌들. 남다른 형제였으니까.

　황금 같은 젊음이다. 항상 가슴에 품고 매진해라. 남는 게 있는 생활을 엮어 나가라. 요즈음 더욱 절실해지는 바이다. 오로지 성실 하나로 나아가라.

　소식한 지 얼마 되지 않아서인지 별로 긴 이야기가 되지 못할 것 같다. 아버지 어머니 건강에 각별히 신경 쓰면서 잘 지내라.

하느님께 두 손 모으며 형이 멀리서 썼다.

　자랑스러운 아우에게.

　이 시간 기쁜 마음에 한잔 술로 흥을 돋우고 있겠구나. 이 형은 오늘 전보를 받아 들고 눈물을 몇 줄기 뿌렸다. 잘했다, 참으로 잘한 일이다. 형이 범한 우를 범하지 않고 네 젊음을 잘 엮어 갈 하나의 계기를 확보했구나. 어떤 이들은 그까짓 카투사 시험 합격을 갖고 뭘 그러느냐고 하겠지만, 상당한 좌절감과 패배 의식에서 자유롭지 못한 너에게는 그것들을 깰 수 있는 하나의 기폭제가 되지 않겠느냐. 대견한 동ㅇ, 내 아우야. 한편으로는 집이 휘휘해질 것을 생각하니 마음 한구석이 아려 온다. 그러나 카투사란 외출·외박의 기회가 많으니 네가 내 몫까지 자주 집에 들르도록 해라.

아버지께 보내는 글월에 몇 자 덧붙인다는 게, 너무나 반가워 이렇게 두서없는 글이 되고 있다. 글씨도 엉망이고 할 말이 너무나 많다. 장차 만나서 나누자. 잘했다, 참 잘했다. 술에 빠지지는 말고 몇 단어, 몇 문장이라도 영어를 준비해라. 하느님께 감사하자.

못난 형이.

사랑하는 아우에게.

헤어지던 때 돌아선 뒷모습이 가슴에 아렸다. 얼룩무늬 제복 속에서 건강한 모습으로 이 형 앞에 설 때까지 그러할 것이다. 우리 형제 사이에 이런 헤어짐이 또 있으랴.

지지리도 못난 인간을 형이라고 두어 입고 싶은 것, 먹고 싶은 것에도 피해를 본 데다, 학교 옮긴 그 한두 해엔 형의 억지에 얼마나 가슴 아팠겠느냐. 그 깊은 가슴속을 이 형이 헤아리지 못한 것은 아니나, 형으로서 맏아들로서 할 바를 하지 못하고 있다는 자의식이 형을 더욱 사납게 했다는 것을 변명처럼 뇌까리고 있다.

커닝 아닌 커닝 사건 때 밥상에 마주 앉아 네 가슴을 긁었던 것은 특히 이 형의 가슴에 못이 되어 있다. 네가 눈에 띄게 야위었던 것도 그 한두 해의 가슴 아픔 탓이 아니고 무엇이었겠느냐. 야속하고 야속한 인간을 형이랍시고 명태 구워 안주 마련해 술상 봐 온 토요일, 네게 사죄하고 용서를 구하고 싶었으나 그렇게 하지 못한 것도 이 형의 못난 됨됨이다.

어질고 어진 아우, 이 못난 형을 한 번 더 용서하고, 밝은 날 새로운 형으로서 네 앞에 설 나를 생각하여 훈련을 비롯한 모든 힘든 것을 헤쳐 나가기를 간절히 바란다. 어떻게든 건강히 군 생활을 마치고 진정한 혈육으로서 우리 힘차게 손잡을 그날이 있게 하자. 힘든 것, 비위 상하는 것 모두 한순간에 지나지 않음을 알고 의연히 나아가자.

이 못난 인간이 이 못난 글을 쓰며 눈물 흘리고 있다. 그리고 네게서 소식 있을 때까지 이렇게 한 편 두 편 말을 모아 두었다가 부치겠다. 너의 건강, 너의 앞날, 우리 가정의 평안을 위해 기도한다.

건강히, 건강히, 아무쪼록 건강히.

너와 헤어진 이틀 후에 쓴다.

먼 곳에서 형이.

사랑하는 형○이에게.

겨울이 흰 눈으로 잠시 얼굴을 들이밀었다가 돌아앉아 발을 들여놓을 채비를 하고 있구나.

그간 아버지 어머니 모시고 건강한 몸으로 열심히 공부했겠지. 이 큰오빠는 우리 가족, 특히 형○이 생각을 하며 지냈다. 오빠가 못난 탓에 형○이 공부 도와주지 못하고 이렇게 멀리 떨어져 있으니 지난날 오빠가 범한 어리석음이 한스럽구나.

보고 싶은 형○아, 얼마 남지 않은 결전의 날을 앞두고 수석 전선에 이상 없이 만반의 준비를 갖추었느냐? 작은오빠나 언니의 편지에는 열심히 하고 있다는 말만 있었지 구체적인 이야기가 없어서, 일등 자리를 빼앗았는지 무척 궁금하단 말이야. 오빠가 이런 소리를 한다 해서 무리하여 건강 해치는 일이 없도록 해라. 부디 부담감 떨쳐 버리고 최선을 다해야 한다. 오빠가 현명하게 살았다면 지금쯤, 먹고 싶은 것이며 입고 싶은 것 해 줄 수 있었을 텐데, 가슴 아프기 이를 데 없구나.

오빠의 편지가 형○이의 공부에 조그만 힘이라도 되었으면 한다. 회답일랑 시험 후에나 해라.

큰오빠가 사랑으로 쓴다.

두 동생에게.

겨 속 같은 삶의 먼지며 소음들이 얼어붙은 눈에 묻혀 고요하다.
안녕, 복실아 빵랑아. 오랜만에 오빠가 뽀뽀를 보낸다. 형ㅇ이는 화상이 다 나았다니 기쁘다. 아버지 건강하시겠지. 엄마와 작은오빠는 못난 아들, 못난 형 만나러 오간 탓에 퍽 고단했을 텐데 이상이 없었는지 모르겠구나.
이런, 이런. 우리 복실이 눈 흘기는 것 좀 봐라. 우리 복실이야 늘 건강하다니 고맙다. 다만 지난 학기의 성적이 좋질 못했다니, 오빠가 집에 있었다면 눈물이 솟도록 야단치고서는 술 한잔 나누러 갔을 텐데. 작은오빠에게서 형ㅇ이 공부 의욕이 대단하다는 것을 듣고 참 기뻤다. 우리 집의 희망인데 그래야지.
빨리 그리고 열심히 해서 '기본영어'를 머리에 넣어 버리고서는 일 학년 때는 '성문종합영어' 정도는 떼어 버리도록 해라. 작은오빠한테 좋은 책 골라 달라고 해서 일찍 그리고 깊이 익혀 버려라. 그리고 우리 복실이는 장학금 고지를 탈환하도록 우선 학교 공부를 열심히 해라. 자칫 나태에 빠지기 쉬운 시간들일랑 독서와 영어, 그리고 일본어나 프랑스어 같은 외국어 익히는 데 들여 여한 없는 대학 생활이 되게 해라.
참, 내 너희에게 부끄러움으로 부탁한다. 아무리 억울하다고 해도 아버지 엄마 말씀 끝에 대꾸하거나 성질 내지 마라. 물론 너희야 그런 아이들이 아니라는 것을 왜 모르겠느냐. 부모 속 썩인 것은 이 오빠만으로도 넘치는 것이어서 하는 소리다.

아버지 엄마의 삶의 의미가 우리에게 있듯 오빠의 삶에서 너희는 또 얼마나 큰 부분을 차지하고 있는지. 생활의 모든 면에서 가족을 우선으로 하여 임하도록 해라. 힘겨운 군 생활 탓에 빠져든 감상에서가 아니라 오빠가 밟아 온 삶이 뼈아파 이르는 말이다.

이제 작은오빠도 입대로 집을 떠나게 될 테니 너희가 더욱 신경쓰도록 해라. 그저 건강하게 발전적으로 살아가자. 보내 준 편지 잘 받았다. 책 또한 무한한 기쁨으로 읽을 것이다. 우리 형ㅇ이의 빛나는 졸업을 축하한다.

하느님, 저희 가족을 지키소서.

멀리서 큰오빠가 눈시울을 붉히며.

사랑하는 막내, 형ㅇ이에게.

몰아치는 바람에 겨울이 칼끝이라, 달 있는 밤이면 달빛도 얼어붙는 나날이다.

그간 아버지 어머니 무고하시고 너희도 자기 발전에 매진하고 있으리라 믿는다. 작은오빠는 건강하여 집에 몇 번 다녀갔겠지? 이 큰오빠는 잘 있다. 잘 있으므로 별 쓸 말이 없어 집에 소식하지 않았다면 궁색한 변명이 되리라. 네 편지 잘 받아 보았다.

애석하게도 군무에 열중하다 보니 체전 개막식에서 우리 아가씨가 브라운관에 등장하는 것을 보지 못했네! 참 아쉬워. 부대의 몇몇 친구들한테도 자랑해 놓았는데 말이야. 그때의 사진을 보내다오. 매일신문에 '계절의 얼굴' 같은 제목으로 소개도 되었을 성싶은데? 십이월 십오일경 집에 들를 것 같은데 그때 작은오빠도 나왔으면 좋겠다. 성당이나 성바오로서원에서 반지 묵주 하나와 묵주기도에 관한 소책자 한 권도 사 부쳐다오. 책은 아마 연두색일 게다. (*이후 落張)

(*이전 落張) 형ㅇ아, 내가 집에 다시 오자면 적어도 두 달은 지나야 할 것이니 그동안 영어(기본영어), 수학(정석)을 열심히 해라. 영어는 일 학기 말까지는 마스터하고 더 높은 책으로 들어가라. 오빠가 오래 놀면서 네 공부를 돌봐 주지 않아 미안하다.

항상 오빠는 영ㅇ와 형ㅇ이에게 많은 정을 가지고 있다. 훈련 잘 받고 다시 만날 때까지 잘 생활해라. 아버지 엄마 말씀 잘 듣고 더욱 예쁜 모습이 되어 만나자. 큰오빠에게 편지 자주 해라.

떠나면서 작은오빠가.

영ㅇ, 형ㅇ이 보아라.

계절이 계절이라 눈에 들어오는 것은 온통 신록이다. 지나간 날들은 결코 긴 시간이 아니지만 마음속에서는 무한한 듯하다.

둥글거나 긴 내 동생들이 더욱 보고 싶다. 영ㅇ는, 핀잔과 구박하던 오빠가 없어 체중이 늘지나 않았느냐? 아니, 그런 중요한 역할을 해 온 오빠가 없으니 외로워 줄어들었을지도 모르지. 다시 너를 만날 때에는 전자가 아니라 후자의 모습을 보여 주기를 기대한다.

캠퍼스 생활은 어떠냐? 쓸데없는 일에 시간을 버리지 않으리라 생각한다. 대학이라는 여유 속에서 공부와 집안일을 잘 수행하기 바란다. 형ㅇ이는 키가 백칠십을 돌파했느냐? 키만큼 궁금한 것이 학업 성적이다. 조급하게 생각지 말고 일 학년 때에는 영어와 수학을 독자적으로 공부해라. 내가 공부하던 테이프를 매일 한 시간은 듣도록 해라. 내신 성적에 소홀히 해서는 안 되겠지만, 그리 급할 것 없이 학교 시험 이 주나 열흘 정도 전에 공부를 시작하면 될 것이다. 마음을 가볍게 하여 자신을 가지고 멀리 바라보아라.

편지를 시작하자마자 이래라 저래라 하니 짜증날지도 모르겠다. 다 너의 가능성을 보기 때문이다. 뛰어난 사람이 되리라고 믿는다. 취침 시간이면 눈을 감고 너를 떠올리면 무척 보고 싶다. "작은오빠, 작은오빠." 하면서 다리도 밟아 주고 심부름도 해 주던 모습. 집에 있을 때 공부를 별로 돌봐 주지 못한 게 걸린다. 다정하고 착실한 우리 호프를 멀리서 응원한다.

조금 늦게 군에 온 이 작은오빠가 큰오빠와 함께 이 생활을 잘해 나갈 것이다. 모든 것이 끝나고 우리 예전처럼 웃으며 이야기할 수 있도록 잘 헤쳐 나가자. 큰오빠한테 자주 편지해라. 한 달에 두 번은 써라. 그리고 내게 편지할 때에 큰오빠에게도 꼭 해라. 너희들 사진 잘 나온 것으로 한 장씩 부쳐다오. 내게 편지나 전화가 오면 그 내용과 날짜를 간략히 적어 보내다오. 편지는 보관해 두고.

　감정이 복받쳐 그런지, 하고 싶었던 말은 많은데 잘 생각나지 않는다. 언제나 부모님의 건강에 신경 쓰면서 건강하게 생활해라. 또 소식 전하마.

너희를 너무나 사랑하는 작은오빠가.

동생들에게.

　날씨가 불을 지피듯한 것이 며칠째, 어느덧 유월이니 한 해의 허리에 닿았다.

　지난번의 내 편지는 잘 받아 보았는지 모르겠다. 아직 답장을 받지 못했으니 집의 소식이 무척 궁금하다. 부모님 모두 편하시겠지? 이모네는 어떠냐? 따로 편지하려 해도 주소를 모르니 어쩔 수 없었다. 이모한테 그렇게 말씀드려라. 그리고 염려 덕분에 잘 생활하고 있다는 말도. 큰오빠에게서는 소식 있는지? 전에 면회 갔을 때 특별 휴가가 유월 초에 있을 거라고 했으니, 이 글이 도착할 무렵에는 큰오빠가 와 있겠지. 큰오빠 오면 내 이야기 전하고 큰오빠에게 잘해라.

입대에 즈음하여 큰오빠에 대한 정이 각별해지더구나. 부모님은 말할 나위 없고 형제 남매에게 더욱 애착이 가는 것은 내가 그만큼 시간적·환경적 변화를 겪은 탓이기도 하겠지. 그래서 나이 먹은 사람이 넓고 깊어지는 것인가 보다.

영ㅇ는 어떻게 지내고 있느냐? 별일 없더라도 없는 대로 답장에 써다오. 곧 기말시험일 텐데 열심히 해라. 살 빼는 것은 그 다음 일이니 공부에 열중해라. 다시 만날 때에는 훨씬 세련된 영ㅇ를 볼 수 있겠지? 형ㅇ이는 오빠가 시킨 대로 잘하고 있는지 걱정이다. 물론 믿고 있기는 하지만 소식을 듣지 못했으니 말이다. 학급 반장까지 맡았으니 많이 힘들 것이다. 훤칠한 키로 멋있게 행동하는 모습이 그려지는구나. 막내지만 어른스럽고 착한 네게 정성을 다하지 못한 것이 아쉽다. 더 좋은 오빠가 될 것을 약속하마.

영ㅇ에게 부탁 하나 하자. 내가 보던 '영어 단어 이만 이천'이라는 책의 맨 뒤에 모든 단어를 작은 글씨로 모아 놓은 부분이 있다. 몇 장 될 것이다. 내가 산 책 말고 헌 책에서 그 부분을 오려 보내다오. 될 수 있으면 빨리. 이전의 편지에서 이야기했던 너희의 사진을 잊지 말고 보내라. 늘 바라보며 생각하고 싶어서 그러니 말이다. 훈련 삼 주일이 지났으니 이제 반 남은 훈련소 생활을 이 작은 오빠가 잘해 나갈 수 있도록 성원해 주기 바란다. 즐거운 일 있으면 꼭 전해 주고.

유난한 대구 더위이니 항상 건강에 유의해라. 아버지 어머니의 말씀에 따라 행동해라.

논산 연무에서 작은오빠가.

보고 싶은 동생들에게.

  오늘 하루 쌓였던 모든 것이 형ㅇ이 편지를 받고 풀려 버렸다. 한 줄 두 줄 읽어 내려가자니 더욱 그리워지는구나.
  오빠는 매주 훈련소 성당에 나가 가족의 평안을 기도하고 있다. 이제 훈련 오 주째에 들어간다. 갈수록 안정되는 것이, 뭐든 잘 해낼 수 있을 것 같다. 몸 또한 어디 한 군데 안 좋은 곳이 없다. 힘든 훈련을 이렇게 건강히 잘 받고 있는 것은 가족의 심려 덕이라 생각한다. 집에 자주 편지하다 보니 이렇게 아버지 어머니와 너희들의 안부를 묻는 것도 빠뜨리는구나.
  큰오빠의 편지를 사흘 전에 받았다. 편지를 읽는데 눈시울이 젖어 왔다. 깊은 정, 많은 마음들을 확인하고 믿게 되었지. 큰오빠에게 편지를 자주 해라. 형ㅇ이는 이십이일의 시험 잘 치렀어? 일 학년에 기본을 다져 놓지 않으면 사상누각이 되고 말아. 책상머리에서 졸던 형ㅇ이 모습이 생각난다. 생리적인 것이야 어쩔 수 없는 것, 공부하는 시간에 집중해서 능률을 높이면 된다. 형ㅇ이를 믿는 만큼, 잘할 수 있으리라 생각한다.
  날이 완전히 밝아 오는구나. 다른 날보다 한 시간쯤 일찍 깨어 이 편지를 쓴다. 곧 기상이니 이만 쓰겠다. 이것이 훈련소에서 쓰는 마지막 편지가 될 것 같다. 당분간 소식 없더라도 이해해라. 부대 배치 받고 여건이 되면 바로 연락하마. 건강한 모습으로 너희 앞에 나타날 때가 그리 멀지 않았다. 너희도 생활 잘 꾸려 부모님을 기쁘게 해 드려라. 안녕.

연무에서 작은오빠가.

보고 싶은 형, 보고 싶은 오빠

형에게.

형이 떠난 뒤로는 시간의 느낌이 달라졌어. 나로서는 만 22년이 넘도록 함께 살아왔으니 이 단절이 너무나 생소해. 다른 사람들도 그런지 모르겠지만 우리 형제는 각별하잖아. 어딘가 허전한 것이, 집에 들어와도 예전처럼 편안하지 않아.

지금(10월 11일 오후 네 시)은 두 과목 시험을 마친 후여서 마음이 약간 가벼워졌어. 'PR론'과 '지역사회관계론'인데 잘 치렀어. 이제 남은 한 과목도 잘 치러서 마지막으로(군에 가기 전) 장학생이 되어야지, 안 그래? 하고 싶은 말이 많은데, 시험 기간이라 마음에 여유가 없어서인지 정리가 되지 않네.

얼마 안 있어서 겨울일 테니 형이 얼마나 고생스러울까. 빨리 새로운 생활에 적응하고 휴가 오기를 바라는 마음이야. 형이 떠난 후 아버지 엄마는 늘 형 이야기야. 오늘 아침부터 지붕과 물받이 수리를 하고 있어. 엄마가 그래. "있을 때 집을 수리해서 편하게 있다가 가게 할 걸……." 이렇게 편지를 쓰면서도 걱정인 것은 이런 내용들이 형을 약하게 하지 않을까 하는 거야. 그렇지만 형을 믿어. 형을 걱정하는 것은 형을 믿지 않는다는 이야기밖에 더 되겠어?

 철희한테서 편지가 왔는데 형 이야기도 썼더군. 주소를 가르쳐 달라고 하니 답장에 적어 보내야지.

 형이 쓴 편지를 받고 하는 게 아니어서, 이 편지가 형한테 확실히 들어갈지 염려돼. 하고 싶은 이야기는 형의 편지를 받아 봐야 술술 풀릴 것 같아. 건강에 신경 써.

　　　　　　대구에서, 하나뿐인 형을 둔 하나뿐인 남동생이.

형에게 보내는 글.

 가을, 가을, 가을가, 을가, 을가…… 웬 소리인가 싶더니 어느새 살갗의 냉점을 자극하는 기운이 제법 사람을 움츠리게 하는군. 그래도 아직은, 훈련 받는 형이나 이곳의 우리에게나 좋은 계절이야. 가을의 향이 그리 나쁘지만은 않은데 가을 하면 우수수 떨어지는 나뭇잎만 생각해 왔어. 삶의 책임을 그만큼 의식한 탓이겠지.

 형의 소식을 접하고 며칠이나 지나도록 답장하지 못한 것은 엄마 편지에 보조를 맞추기 위해서였다고 변명할까? 형의 글이 왠지

형다운 명문은 아니었지만 자연스러웠어. 훈련소 생활이라 글이 잘 되지 않을 텐데도 그만하면 됐지, 뭐. 그러니 지금 조금씩 오른쪽으로 기우는 내 글씨는 이거, 영 신경 쓰이는군. 형처럼은 쓰지 못하더라도 뭔가 보여 주는 글이어야 한다는 압박!

형이 떠나고 난 빈 자리를 채우려고 애쓰고 있어. 나를 너무 높였나? 예를 들어 보지. 아직 문제는 좀 있지만 텔레비전 '채널권'은 차츰 노력해 가고 있고 동생들 사랑하는 마음은 한결같으며, 엄마하고 방 세 칸 수리하는 데 60%는 내가 했으니.(엄마 아들이어서 그런지 자화자찬이 심해서, 원.)

오, 형님이시여. 아아, 형. 감탄사를 연발할 정도로 적응 잘해 나가는 형을 볼 때, 지금까지 불운이 계속되었을지라도 언젠가는 한 번 일어설 것이라는 믿음이 생겨. 형의 노력에 부끄럽지 않게 이 동생 또한 우선 장학금이라도 받아야지. 형을 환호작약하게 할 수 있는 내가 될 거야.

오늘이 10월 24일(월), 형이 입대한 지 27일이 흘렀네. 형이 글머리에 적은 '문득 깨어 보니 귀밑에 서리 내렸다!' 승리자로 그 세월 끝에 서야겠어. 형이 부탁한 시집 목록은 아직 입수하지 못했어. 조만간 만들어 놓을게. 오늘은 사회관 도서실에서 쓰고 있으니 지난번보다는 글이 좀 나을 거야. 형의 생활에 조그마한 여유라도 줄 수 있을지. 지금이 여섯 시 십 분 전, '한문 강독'(야간 강좌) 강의 시간이 되었네. 강의 들어가기 전에 이렇게 쓰고 나니 기분도 개운해.

 행운과…… 무엇보다 건강을 빌어. 또 소식 할게.

대구에서 아우가.

 형에게.

 피부의 감각이 날카로워지면서 83년 한 해도 종점에 이르고 있어. 그 어느 해보다 어렵고 빠른 해라고 느껴. 머지않아 본격적인 추위가 닥치겠지. 건강에 특히 주의해야 할 때야.

 3학년 2학기도 지난 3일로 시험과 함께 마쳐서 당분간 학교생활이 멀어질 테니 뭘 해야 할까, 막연해져. 입대할 때까지 시간이 많으니 영어 같은 것을 계획적으로 공부해야 할 것 같아. 오늘이 5일(월)이니 KATUSA 시험 발표가 약 3주 남았네.

 형ㅇ이는 시험을 14일(수)에 치르고 17일에 졸업식을 해. 반장이어서 졸업식에 꼭 참석해야 하려나? 그러면 바로 다음 주말이 24일이니 올 12월은 참 애매하게 걸려 있네. 형ㅇ이가 시험을 잘 치러야 할 텐데. 나는 학기말 시험에서 18학점(여섯 과목) 중 다른 것은 잘 치렀는데 장태옥의 '기획론'은 공부한 것만큼은 안 됐어. 장학금으로 가는 길에 애로가 있을 것 같아.

 시험 치르느라 답장을 못 해서 미안해. '명진 씨'(!)에게서 이야기 듣고 또 형 편지를 받아 더욱 기뻤어. 어제(일) 기정 형이 잠깐 들렀어. 울진 죽변으로 발령이 났다고 해. 형한테 편지를 하는 날 형 편지를 받았다더군. 정말 좋은 친구를 둔 것 같아. 가족 못지않게 하니 말이야.

아버지도 어제 가셨는데 그쪽 날씨가 여기보다 춥기는 하지만 건강하게 계셔. 집안일은 내가 많이 돕고 있어. 영ㅇ, 형ㅇ이도 그렇고. 이제는 우리가 열심히 살아 집을 일으키는 일만 남았어. 어느 가족, 어느 집안보다 정 있는 우리가 될 거야.

형ㅇ이는 성질부리는 것도 그친 걸로 보아 철이 많이 들었어. 키도 날로 크고 있고. 내가 과연 최종 합격자 명단에 들어 있을지 걱정스러운데 그것만 잘 되면 기쁜 새해가 될 거야.

말투가 어정쩡해서 엉성한 글이 되고 말았어. 반갑게 받아 볼 형의 모습이 떠오르네. 끝이 좋으면 다 좋고 진정한 승리자는 마지막에 웃는 사람이니 항상 내일을 보고 살아야 한다는 게 내 믿음이야. 또 소식 전할게. 잘 있어.

대구에서 아우가.

형에게.

겨울의 찬 기운을 더욱 날카로이 느끼며 돌아서던 29일 세 시 삼십 분, 형의 뒷모습이 떠오른다. 전에도 느끼지 못한 것은 아니지만 올해는 시간의 흐름이라는 게 더욱 절실하네. 이제 얼마 후면 나도 입대하니 언제나 옛 모습으로 돌아와 함께할 수 있을까! 어찌 보면 길겠지만 그리 긴 시간이라고 할 수도 없겠지.

어제, 31일(화)에 성바오로서원에서 문고 두 권을 샀어. 내가 고른 것이라 형이 읽기에는 어떨지 모르겠어. 책이 많기는 했지만 내 눈에 드는 것은 몇 권 안 됐어. 좋은 책 나오면 또 부쳐 줄게.

책 부치는 데다 넣으려고 쓰다 보니 말이 술술 풀리지 않네. 늘 건강하게 지내기를 바라. 집은 항상 조용타!

대구에서 아우가.

형에게.

어제, 6일, 집에 잘 도착했어. 가족들은 모두 잘 있고.

아무 어려움 없이 나도 내 생활 해낼 거야. 9일이면 내가 집을 떠나는데, 형이나 나나 주어진 기간을 잘 살아 내는 것이 우리 집을 위해서 해야 할 첫 번째 과업이겠지. 훈련 잘 받을게. 나까지 떠나게 되니 모든 일이 걱정되는 것을 어쩔 수 없군.

아우가.

형에게.

오늘이 3월 26일, 봄기운이 물씬한 날이야. 지난 휴가 때보다는 기온이 많이 올랐어. 어때, 요즈음은 컨디션이 괜찮아? 휴가 와서 배를 앓고 가서 엄마가 매우 걱정했어. 내가 놀러가느라 형 귀대하는 것을 보지 못해서 안됐어. 형이니까 이해해 주리라 믿어. 잘 다녀왔으니 미안함을 조금 감했다고 봐.

집은 별일 없어, 내가 탕약을 먹기 싫어해서 엄마가 화내고 있긴 하지만. 시간이 자꾸 가니 마음이 답답하고 조급해져. typewriter는 매일 연습하고 있지만 3급이나마 따는 데도 석 달이나 더 연습해야 되니 도저히 안 될 것 같아. 공부는 조금씩 하고는 있는데 집중이 어려워 더욱 답답해.

엄마는 터수 결혼식이 16일이어서 14일에 출발할 거야. 나도 따라갔으면 하지만 어렵고. 엽서로 전하는 소식이어서 글을 죽 달아 썼어. 건강하게 생활해.

대구에서 아우가.

형에게.

어제 신문을 보니 '형님'이란 말은 친형에게는 쓰지 않고 다른 사람의 형이나 형뻘 되는 사람에게 쓰는 말이라고 해. 그러니 우리가 나이가 많이 들어도 '형'이라고 부를 수밖에 없네? 입대를 보름쯤 앞두고 있는 시간, 그럭저럭 보내고 있어. 입대 전 5월 5일경 형에게 갈 예정인데 5월 3일이 교황 방한일이어서 외출이나 외박이

가능할지 모르겠네?

집은 별일 없어. 이제 형과 내가 모두 집을 떠나 있게 될 테니 힘든 일이나 중요한 일들을 누가 할까? 걱정이야. 영0는 중간시험이 끝나면 맥주 한잔 나누면서 여러 가지 당부해 둬야겠어. 형이 군 생활을 잘해 나가는 것이 나도 잘할 수 있게 만들 거야. 제대해서 우리 가족의 행복을 위해 애쓸 그날이 기다려져.

얼마 전 '목영표'라는 사람에게서 편지가 왔는데 형 주소를 알고 싶어 해서 보내 줬어. 경기도 양주군 회천면 봉양리 사서함12호 제2중대 일병 목영표. 그 사람 주소야. 철희 주소 적게. USA Cheul Hee Lee Box 356 Nyack College Nyack NY 10960. 서울에서 공희택 씨에게 전화했으나 본인이 없어서 여자 이야기만 빼고 대충 이야기를 전했어. 그런데 박성훈 씨 것은 알아보지 못했고. 경제학 책은 다음에 보내 줄게.

다시 만날 때까지 건강하게 생활해.

아우가 썼네.

형에게.

흙먼지 자욱한 길가로 오월이 푸르고 따가운 햇살이 등에 내리는 한낮, 한 주일 동안 쌓인 긴장을 풀고 있어.

형을 만난 게 두 주일 남짓인데 참 아득하네. 아무런 생각 없이 지내는 것이 내가 예전과 달라진 점이랄까? 지난 일을 돌이키는 것이 앞으로 해 나갈 생활에 장애가 될 것 같아 앞일만 생각하기로 했지. 다만 그리운 것은 형 면회 가서 소주 먹으며 여러 이야기를 나누던 때야. 병영 생활을 한 지 이제 일주일 남짓, 아직은 큰 어려움 없이 잘 헤쳐 나가고 있어. 우리가 군 생활을 성실히 해 나가다 보면 이 푸른 제복을 벗고 이런저런 이야기를 나눌 날이 올 거야.

이 편지를 쓰기 전에 가족들한테 장장 여섯 장에 달하는 글을 쓴 탓인지 글씨가 마음에 안 드네. 평일에는 엄마와 동생들이 저녁에 나 마주 앉을 집을 생각하니 마음이 안됐어. 그런 시간 또한 영속하는 것이 아닌 만큼 깊이 생각할 일은 아니겠지. 형과 내가 이 시간들을 잘 넘는 게 무엇보다 중요해.

입대 전날 고속버스로 오후 세 시쯤 대전에 도착해서 여관을 잡아 놓고 친구들과 맥주 몇 잔 기울이노라니 참 여러 가지가 생각나더군. 영 판이한 생활을 스스로 헤쳐 나가야 한다는 생각에 긴장도 상당했고. 입영하는 순간까지 웃으며 편안한 마음을 가졌지만, 막상 부대를 들어설 때엔 그런 감정이 온데간데없어지데. 그런 급격한 감정 변화는, 집을 떠나면서 '이제 엄마의 모습을 당분간 보지 못하는구나!' 생각이 들 때 엄청났어. 차창 밖을 바라보는데 눈앞이 흐려 오더군. 형의 편지를 받으면 새삼 마음을 다지게 될 거야.

참, 형 부대의, 고대 법대 출신이라는 사람한테 안부 전해 줘. 입대 인사 전해 준 사람이니 고마워서.

집에 자주 소식 전하기로 해, 우리. 주님의 사랑과 축복이 우리 가족에게 있기를 기도하겠어. 잘 있어.

멀리 논산에서 아우가.

형에게.

 돌아보니 먼 길, 한 걸음 더 내디디니 더욱 아득해. 누구에게나 지난날에 대한 아쉬움이 있겠지만 나는 특히 더한 것 같아. 오늘 오전에 이곳 생활로는 네 번째 미사를 보았어. 몇 번 되지는 않지만 변화가 생겨. 내 의지나 신념이 너무나 박약했었구나, 이제 기필코 끈기와 의지로 무장해 나가겠다는.

 훈련병 생활이 꿈같이 흘렀다는 형의 말처럼 나도 그래, 아직 다 한 것은 아니지만. 시간 감각이 입대 전보다 무디어져서 그런가?

 며칠 전에 집에서 온 편지를 받았어. 아버지 엄마 모두 편안하시고 동생들 다 잘 있다네. 내 편지가 도착하기 며칠 전 형 편지가 왔다고 하더군. 반가웠어. 집에서는 우리를 걱정해서 우리가 자주 소식을 전해 줬으면 하더라고. 두 아들이 모두 군에 있으니 오죽하겠어. 무사히 병역을 마치고 다시 모일 수 있도록 성실히 생활해야겠지. 성당에 가면 우리 모두를 위해 기도하고 있어.

 아직은 호흡을 가로막는 더위는 아니지만 점점 활동이 어려워질 거야. 나도 물론이지만 형은 더욱 건강에 신경 써. 굳은 의지로 생활해서 밝은 얼굴로 형을 만날 수 있도록 할 거야. 같은 옷을 입고 만나면 더욱 할 이야기가 많겠지? 오늘이 성령강림대축일이라고 한 것 같아. 이곳에서는 앞으로 두 번 정도 성당에 가게 되겠네. 내가 훈련 잘 받을 수 있도록 기도해 줘.

훈련소 생활 마치기 전에 답장 받았으면 좋겠네. 건강하게 지내.

논산 연무대에서 아우가.

그리운 형에게.

형이 작년 말에 보내 온 입대 후 첫 편지가 생각나서, 사흘 전에 받은 형의 편지를 몇 번이고 읽었어. 행군 중 식사를 기다리던 중에 받아서 당장 답장 쓰지 못하고 주말을 맞아서야 이렇게 쓰게 되네. 형 편지를 받고 이틀 뒤에 형○이 편지를 받았어. 모두 안녕하다는 소식이 반가웠어. 형이 나오리라 예정되었던 날 모두들 무척 기다렸다고 하데.

나도 이, 순간에 지나지 않을 시간이 삶에 보탬이 되도록 하루하루에 임하고 있어. 내일이면 훈련소 성당도 작별이네? 마지막 미사이니 만큼 더욱 절실히 우리 가족을 위해 기도하겠어. 미사에 나갈수록 즐거워지고 정신 자세를 굳건히 하게 되었지. 편지에 이야기한 묵주는 오늘에 이르도록 받지 못했어. 곧 오겠지. 묵주기도를 생활의 지주로 삼겠어. 역겨울 때도 있지만 인간 세상에는, 특

수 집단에서는 어쩔 수 없는 것이리라 여기고, 이 시간이 나나 형, 가족을 위해 더없는 보람의 시간이 되도록 노력하고 있어. 내가 마지막 고비를 잘 넘고 한층 나은 인간이 될 수 있도록 기도해 줘.

 이제 형도 군 생활에 들어간 지 아홉 달 가량, 어찌 보면 꿈처럼 지나간 듯해. 생활 중에 막막할 때가 있더라도, 내가 형을 생각하듯 형도 나를 생각하여, 우리 손잡고 집을 이끌어 나갈 그날을 향해 가도록 해. 지난 훈련 기간 동안 정신적으로 육체적으로 한계 비슷한 것을 느낄 때면 늘 가족을 생각하며 이겨 냈어. 며칠 남지 않았으니 유종의 미를 거두도록 노력해야지. 가족들과 편지를 주고받는 것이, 힘든 생활 속의 즐거움이었어. 이 모 양에게는 별 생각 없이 한 통 써 보냈는데 받았는지 모르겠네? 나중에 그냥 부딪혀 볼까?

 내일의 미사가 기다려져. 우리 모두의 내일을 위해 기도할게. 형도 미사에 참례하겠지?

 훈련소에서는 마지막으로 보내는 편지가 될 거야. 당분간 편지 못 하더라도 이 동생을 믿고 기다려 줘. 한 달 후면 쓸 수 있을 거야. 가능한 한 빠른 만남이 있기를 고대해. 건강하게 생활해, 꼭 꼭 꼭…….

연무에서 아우가.

형에게.

5월의 신록을 뒤로하고 입대한 지 어느덧 석 달, 여기 의정부 Camp Stanley까지 흘러왔네. 8군이나 19지원사 쪽으로 갔으면 좋았을 테지만 영어 듣기 실력이 형편없어서 2사단 포사령부로 오고 말았어. 7월 20일에 전입했으니 약 두 주 되었네. 밖에서 듣고 보던 카투사 생활이 아니어서 실망도 크고, 잘난 체하는 몇 놈의 장난에 놀아나야 하는 상황이 짜증스럽군. 적응하려니 신경이 날카로워지고 여유가 없어지기도 해. 스스로를 탓해야지, 뭐. 그래도 형에 비하면 배부른 소리 같아.

전입 일주일 되던 주말에 엄마와 형ㅇ이가 다녀갔어. 서울 이모 내외분도 함께. 시간의 제약으로 아쉬움만 남았어. 포병으로 훈련도 자주 나가고 해서 약 석 달에 두 번 정도 3day pass가 고작이니 집에 가기는 참 어려워. 형의 휴가가 구월쯤이라고 들었어. 내 3day pass와 겹치면 좋을 텐데.

배치 받아 오는 날 동두천 보충대에서, 신병 인솔하러 나온 종규 형을 우연히 만났어. 고맙게도 그 주말에 면회 와서 내게 점심을 사 주고 내 고참병들 술도 먹이고 그랬지. 내 사정이 허락하면 같이 형 면회 가자고 하더군. 고맙다고 전해 줘.

아침마다 2~2.5마일을 뛰는데, 얼마나 힘든지 두려울 정도야. 내 체력이 이렇게 약한 줄 미처 몰랐어. 밤 열두 시가 가까워 오니 내일 아침 구보가 걱정돼. 어서 자야겠어. 답장 기다릴게. 건강하게 생활해.

(고참을 통해 부치는 편지야. 바로 앞 고참이 pass를 나가거든.)

의정부에서 아우가.

보고 싶은 형에게.

인간의 생활에 그토록 굴곡이 있을 줄은 몰랐어. 단 몇 분의 시간에도, 눈에 들어오는 모든 게 역겨워 눈을 감아 버리거나 한순간 조금씩 자리하는 신념으로 부딪혀 가기도 하니 말이야.

이틀 전 일과를 마치고 형의 편지를 받았어. 너무도 그리웠던 글이라 한 줄 두 줄 읽어 나가며 눈가를 적시기도 했지. 그렇게 약한 마음을 가졌나 싶기도 하지만 사실 험한 상황에 웬만큼 적응해 나가고 있어. 앞에 놓인 나날이 순조롭든 그렇지 않든 진일보하는 인간이 되어야 하리라 생각해.

여건이 허락하지 않아 평택 교육대 이후로는 미사를 한 번도 보지 못해 아쉬워. 남은 2년이 고통스럽고 그만큼 내 한계를 시험하겠지만 신앙으로 극복해 가야겠어. 형이 그토록 대범해지고 강해졌다니 반가워. 나도 그렇게 될 수 있을까?

얼른 형을 만나 여러 가지 이야기 나누며 회포를 풀고 싶어. 9월 3일부터라는 형의 휴가를 고대하고 있어. 평일은 일과가 끝난 뒤, 토요일은 오후가 되어야 만날 수 있으니 그리 알아. 형의 휴가가 끝날 때쯤이면 나는 많이 바쁠 거야. 확실하지는 않지만, 형을 만나기 전 이틀 정도 집에 갈 시간이 날 것 같아.

형의 글을 받고 또 형에게 편지 쓰면서 자신을 가져 나가고 있어. 형도 바쁘겠지만 자주 소식 접하고 싶어.

갑자기 비가 내리네. 빗소리가 마음을 가라앉히니 차분히 가족들을 그려 보아야겠어. 시끄럽게 굴던 먹통(!)도 볼일 보러 나가고 오랜만에 맞는 조용한 시간이니까.

주님이 우리와 함께하시도록 기도할게.

의정부에서 아우가.

형에게.

형한테서 소식 들은 지 상당한 시간이 흐른 것 같아. 집에 전화했다가 형이 휴가 잘 다녀갔다는 소식 들었지만 형한테서 들은 게 아니니, 뭐. 나는 무척 바빠. 얼마 전에는 열흘 동안 나가 있기도 했고. 이런 생활이 앞으로도 2개월은 계속될 것 같아. 그러니 형을 만나고 싶지만 마음만 품고 있을 수밖에 없지. 어쨌든 형이 예나 다름없이 군대 생활 잘하고 있다니 기뻐. 나는 자대 생활이 2개월밖에 되지 않아 생활이 어떻다고 단적으로 말할 수 없어. 생각했던 것보다 바쁜 생활에 몸과 마음이 쫓길 뿐이야.

오늘이 10월 1일, 이곳은 공휴일이 더 바빠. 오늘 새벽에 카투사

(KATUSA)끼리 산 정상에 올랐다가 내려와서 무척 피로해. 상황으로 봐서는 앞으로의 공휴일도 못 찾아 먹을 것 같아. 그래도 형에 비하면 아무것도 아닌 생활이니 형을 생각해 열심히 하겠어.

아직은 중대원들과 완전히 어우러지지 못해 신경이 쓰이지만 별 문제는 없어. 형은 상병이 됐겠지? 나는 11월에야 일병을 달게 돼. 얼마 전 내 밑으로 한 명이 들어왔는데 나하고는 동질성이 없어. 내 기대가 너무 컸던가 싶기도 해. 군이라는 집단의 인간관계가 무척이나 어렵다는 것을 절감하고 있어.

당분간 바쁜 생활로 형한테 자주 소식 하지 못하게 돼서 미안해. 하느님의 축복 속에 건강하게 지내기를 기도할게. 잘 있어.

의정부에서 아우가.

그리운 형에게.

얼룩무늬 유니폼이 제법 어울리는 자신을 보니 시간의 흐름이 그리 느리게만 느껴지지 않아. 오늘이 11월 3일, 토요일. 그저께 그 지겹던 이등병 계급장을 떼고 일병을 달았어. 11월 1일 formation을 할 때 미군 captain이 promotion을 해 주었지. 이제 private(PVT)에서 private first class(PFC)로 한 계급 올라갔으나 미군 계급에 따르면 별 차이가 없어. 대우가 그리 다를 것 없으니까. 상병(corporal) 정도는 되어야 대접 받는 계급이 되어 양놈들도 쉬

여기지 않고 detail도 하지 않지. 올해는 거의 갔고, 몇 달 지내다 보면 내년 중순에 상병 계급장을 달게 되겠지. 그때면 형의 군대 생활이 얼마 남지 않았겠군.

  오늘, 형의 편지를 받은 데다 순진이가 면회 왔다 가서 즐거운 하루야. 순진이가 집에 들러 내 겨울 사복을 조금 가지고 왔데. 저도 여러모로 힘든데 이렇게 와 주어서 참 고마웠어. 형이 12월 15일쯤 집에 온다니 집에서 만날 수 있을 것이야. 내 선임 병장 말로는 내 휴가가 12월 6일쯤으로 예정되어 있다 하니 말이야. 내 휴가는 우리 중대의 한 해를 마무리 짓는 검열 기간이라 기막힌 휴가가 되는 셈이지.

  요즈음의 생활은 별로 분주하지 않지만 앞으로 점점 바빠질 것 같아. 나를 괴롭히던 양놈(먹통!)은 이제 조금 수그러들어 그리 신경 쓰이게 하지 않지. 그놈하고 제일 오래 생활해야 하니 관계를 좋게 하지 않으면 피차 괴롭지, 뭐. 졸병이나 많아? 기껏 하나 있는 것이 글쎄, 부유한 집에서 장남으로 자라서 그런지 제멋대로 생각하고 말을 뱉는 경향이 있어서 조금 신경 쓰여. 내가 잘 대해 주니 괜찮을 것 같기는 하지만. 나이도 두 살이나 아래인 놈이 말이야. 여자 친구라도 있으면 좀 더 즐거운 생활을 할 수 있을까? 워, 생활이 그리 피로하지 않으니 별 잡다한 생각이 다 나는군.

  형의 글로 보아 요즈음도 뜨거운 신앙으로 생활하고 있는 듯해서 무척 반가워. 나는 성당에 나가기 힘들어. 평택에서 교육 받을 때 가고는 한 번도 가지 못했어.

형, 옆에서 백통(!)이 튀김을 먹으려고 해. 그만 쓰고 좀 빼앗아 먹고 자야겠어. 지금 시각이 열한 시 이십오 분. 잘 때가 되긴 했지, 안 그래? 논산에서는 열 시면 꼭 자야 했는데.

12월 15일에 꼭 만날 수 있기를 기대해. 건강하게 지내.

의정부에서 아우가.

형에게.

입춘이 지난 지 한 달여, 오늘 아침에는 그리 차지 않은 바람 속에 비도 눈도 아닌 것이 한두 시간 내렸어.

그때 휴가 다녀간 후 이제야 소식 전하게 되는 것은 의정부를 떠나 생활하고 있기 때문이야. 이곳 생활이 훨씬 낫지만 생활공간이 다소 좁아 지루한 감이 없지는 않아. 온 지 보름쯤 되었는데 한 달이 더 남았어. 오늘은 밤을 새워야 할 것 같아. 지금 시각이 열한 시 구 분, 내일 아침 일곱 시까지 근무해야 해. 내 옆에는 내 section의 chief인 먹통(!)과 중대 first sergeant가 함께 있는데, 김치가 어쩌고저쩌고 라면이 어쩌고저쩌고 지껄이고 있어. 이 녀석들이 붙어 있으니 통 잘 수 없네.

별일 없이 지냈겠지. 그런데 그때 부러졌던 발등은 다 나았는지 걱정이야. 지금이 3월 중순이니 약 6개월 남은 기간 건강하게 지내고 제대해야 할 텐데 말이야.

여기는 미군 아이들이 한창 바뀌는 시기라서 낯선 녀석들과 맞춰 가려니 신경이 여간 쓰이는 게 아니야. 지난밤에는 키도 조그만 백인 한 놈이 술에 잔뜩 취해서 설치는 바람에 잠을 설쳤어. 평소에는 착한 녀석이 술만 처먹었다 하면 그리 되니 원. 그래도 무시하면서 충돌하지 않고 잘 지내고 있어. 앞으로 또 어떻게 될지 모르겠지만 고참병들과의 관계가 좋아지니 한결 나아. 다만 긴긴 세월이 나를 지치게 하고 있어.

곧 생일이지? 오늘이 3월 8일이니 형○이 생일에 쓰는 글이야. 편지라도 한 장 보내야 했는데 그러질 못해 미안해. 바람이 신선해지면서, 지난 외출 때 형을 만났던 일이라든지 가족들에 대한 생각이 많아져. 지나간 모든 것은 아쉬운 것인가 봐.

자꾸 눈이 감기는데 first sergeant 녀석은 갈 줄을 모르네. 나이가 많아서인지 너무 꼼꼼하게 굴어 우리가 불편하기까지 해. 무언가 자꾸 말하고 싶은데 생각이 나질 않아. 다른 날보다 피로하군. 내일의 English class에 대비하여 report를 준비해야겠어.

그냥 소식 하고 싶어 쓰다 보니 두서없는 글이 되고 말았어. 나중에 맑은 머리로 다시 쓰지. 건강한 몸과 마음을 간직하기를 하느님께 기도할게.

아우.

그리운 형에게.

낯선 곳의 생활이 익숙해지자 시간이 흘러 여기를 떠나야 할 날도 이틀이 채 안 남았어. 겨울과 봄이 교차하는 지점에 머물러 있다 보니 계절의 변화가 절감되더군. 오늘은 굵은 비가 새벽부터 내려 조금 추워.

열두 시경 점심 먹으러 올라가는데 내 section chief인 Jordan이라는 먹통이 형 편지를 주었어. 흰 봉투에 쓴 형의 글씨를 보니 너무 반가워 점심조차 맛을 모르겠더군. 한 줄 한 줄 읽어 내려가니, 늘 그런 것처럼 가슴이 뜨거워졌어. 옆자리에 두 달, 여섯 달 늦게 들어온 아이들이 있어 티 내지 않으려고 애썼지. 군대라는 게 참으로 이상한 곳이야. 내가 있는 이곳은, 함께 생활하는 인간들이라는 게 진정 이해할 수 없는 것들이라 더욱 그래. 어찌 보면, 단순한 것들이니 아예 신경 쓰지 않아도 될 것 같기도 하고. 의정부에 돌아가면 바쁜 생활이 전개될 거야. 가장 일이 많을 때가 봄, 여름, 초가을이니까. 시간도 정신없이 흐르겠지.

형의 말을 가슴 깊이 넣어 두고 내 생활의 힘으로 삼을게. 그간 쌓인 모든 짜증스런 감정을 오늘 종일 내리고 있는 봄비에 씻어 버리고 우리 가족에게 부끄럽지 않도록 열심히 생활할게. 순간의 감정을 극복하고 대의를 생각할 수 있어야 하지 않겠어? 약 한 시간 동안 밖에서 일하다가 들어오는 길이야. 바람 속에서 비는 그칠 줄 모르고. 우의에 흘러내리는 빗물을 물끄러미 바라보며 집 생각을 했지. 다시 3일 외박을 하려면 한 달은 기다려야 하는데 가고 싶은 마음 어쩔 수 없네. 형ㅇ이 생일인 3월 8일에 축하 글이라도 보내려 했는데 의정부를 떠나 조금 삭막한 곳에서 생활하다 보니 못 하고 말았어. 형이 했다니까 조금 위안은 되는군.

이렇게 편지를 쓰고 있으니 나하고 꽤 친한 멕시칸이 누구에게 쓰는 편지냐고 묻기에 잘 되지도 않는 영어로 형 이야기를 해서 간신히 이해시켰지. 형이 하사(양키들 급료 계급으로 E-6)라고 하니까 깜짝 놀라면서 돈을 얼마나 받느냐고 그래. 그래서 150만 원은 된다고 그래 줬지. 양키 하사 급료보다 높게 불러 버렸거든. E-6의 월 급료는 130만 원쯤 돼. 이 멕시칸은 열아홉 살인데 나와 같은 PFC야. 누가 상병을 먼저 다느냐가 고참을 결정하는데 요 녀석이 빠를 것 같아. 나는 아직 두 달이나 남았으니까.

써 놓은 편지를 부칠 기회가 없어서, 의정부로 돌아온 이제 이어서 쓰고 있어. 의정부로 복귀한 게 오늘로 4일째, 또 훈련이 시작될 거야. 요즈음은 날씨가 여름같이 더워. 오늘은 러닝셔츠만 입고 일했어. 거기도 마찬가지겠지? (*이후 落張)

오랜만이군. 그렇지, 형?

군에서 두 번째 맞는 여름. 아직 본격 무더위에는 들어서지 않았지만 요 며칠은 30도를 웃도는 기온을 기록하고 있어. 어제는 아침부터 저녁 여덟 시까지 줄곧, 내리쬐는 햇볕에 살갗을 검게 태워 가며 포탄을 날려 댔지. 오늘은 현충일, 외출로 서울 이모네에 다녀 오는 길이야. 침대 위에 놓여 있는 형의 편지를 발견하고 얼마나 반가웠는지. 형 또한 건강하게 있다니 그보다 좋은 소식이 없구먼.

오늘 이모한테서 형 부대의 사고 이야기를 들었어. 듣고 보니 걱정이 되어 엄마한테 전화했지. 엄마도 어제인가 그저께인가 형 편지를 받고서야 마음을 놓았다데. 그전까지는 걱정으로 밥도 못 먹고 잠도 못 잤다고 해. 말 그대로 한순간의 부주의가 큰 사고를 부르는 것 같아. 며칠 전 나보다 입대가 4개월 정도 빠른 다른 대대 카투사 병사가 부대 뒤의 수락산이라는 산에 올랐다가 실족해서 사망했어. 우리 중대에서도 어제 장례식에 갔다 왔어. 내 일에는 별 위험이 없는데, 부주의로 안전사고를 당할 뻔한 때가 몇 번 있기는 했어. 하여간 군대에서는 제 몸 제가 알아서 챙겨야 돼.

이번 일요일은 중대 KATUSA picnic이 있어. 그러니 이달 월급은 손에 들어올 게 없겠지. 여자를 동반해야 한다는데 나만 혼자일 거 같아. 남들처럼 길에서 어쩌고저쩌고하는 짓은 하지 못하겠고 말이야. 갔다 와서 결과 보고를 할게. 그리고 지난 6월 1일에 상병(CPL)을 달았어. 이제 생활이 좀 나아지는 것 같아. 내 section에서 서열이 2위이니 잡일을 별로 하지 않고 간섭도 덜 받지. 양놈(Mexican) 하나가 축하한다며 의정부 시내에 데리고 나가 술을 진탕 사 주어 그날은 조금 취했지. 이제 내 section은 모두 인간이 괜찮아. Mexican이 네 명, 백인 한 명, 흑인 한 명이라 거의 Mexican section이 되어 버렸어. 지금으로서는 gun section 중 멤버가 가장 나아. 이제 인복이 깃드나 봐.

막 열한 시를 넘어가니 잠이 오네. 내일도 변함없이 다섯 시에 기상해서 3km 정도의 running이 있으니 인제 자야지. 이만 접을게. 건강하게 지내.

아우가.

형에게.

약 3주 전에 집에 갔다 왔어. 형도 잠깐 다녀갔다는 이야기 들었지. 곧 휴가라며? 나도 그때쯤 집에 갈 수 있을 것 같은데 확실하지는 않아. 군대 일이라는 게 원래 그렇고, 양놈들의 군대는 한 놈이 일을 틀어 버리면 아무리 예정되어 있던 일이라도 취소되는, x 같은 형편이라서. 이 모든 것을 무시한다면 8월 10일 이전에 사흘 정도로 집에 갈 수 있을 거야. 8월 초부터 11월 초까지 gate에서 위병 근무만 할 것 같은데, 그러면 그 석 달 동안은 비번일 때면 중대 양놈들의 signature 없이도 나갈 수 있거든. 바로 이어 휴가도 있을 것 같고. 일이 순조로우면 올해는 다 흐른 셈이지. 그때는 형도 제대했을 테니 이제 내가 내년 7월까지만 잘 버티면 우리 가족이 다시 모일 수 있어. 내년 3월의 한미 방어 훈련 뛰고 나면 석 달 남고,

그쯤이야 그냥 가도 가겠지.

지금까지는 공부에 열중할 시간도 없었고 피로하기도 해서 그럭저럭 보냈는데 이제는 영어 하나만큼은 누구보다 낫도록 해서 나가야겠어. 양놈들하고 이야기하다 보면 어휘가 달려서 곤란할 때도 있어. 이모 집에서 'Welcome To English' 회화 책과 테이프를 빌려 와 듣고 있는데, 전 6권 72개 테이프 중 스물네 개를 끝냈어. 짧은 시일 안에 끝내 버릴 작정이야. 그리고 한진사에서 나온 '문법 연구'를 사서 문법 공부를 병행하고 있어. 이 둘을 끝내면 TOEFL로 마무리하려고 해. 이제 1년 남짓 남은 군 생활, 나갈 때 뭔가 자신을 가지고 나가야지.

내 이야기만 늘어놓아 미안해. 형 휴가 기간 중에 만날 수 있으리라 기대하고 있어. 얼마 남지 않은 군대 생활, 건강하게 지내. 우선 더위에 조심해. 모든 것이 확실해지는 대로 연락할게. 월요일이라 더욱 피로하군. 잘 있어.

의정부에서 아우가.

우리 큰오빠에게.

하늘이 푸르고 푸르러 한결 높아 보이네요. 계절의 승리자가 보이는 아름다운 조화가 이곳 복현 캠퍼스에 펼쳐지고 있어요.

오빠의 첫 소식이 반갑기 그지없었어요. 훈련에 잘 임하고 있다니 아버지 엄마도 마음을 좀 놓으셨지요. 가족이란 늘 함께해야 하는 것임을 아버지가 객지에 전근 가셨을 때에 느꼈는데, 이젠 큰오빠가 멀리 떠나 있으니……. 우리 가족이 오순도순 살던 때가 얼마나 행복한 것이었나 싶군요.

  날씨가 갑자기 차가워지니 오빠 생각이 더욱 간절해지고요. 학교는 학기 마무리 때문에 모두 바쁘지요. 나는 합창부 활동으로도 눈코 뜰 새 없어요. 그런데 청주에서 열리는 대회에 나는 불참하기로 했어요. 11월 3일부터 4일까지로 예정되어 있던 것이 11월 17일부터 18일까지로 연기되었대요. 11월 말에 기말시험이 시작되는데 아무래도 공부에 소홀해지지 않겠어요? 물론 시간 관리를 잘하면 되지 않겠느냐고 할 수도 있겠지만, 수요일 외에는 저녁 아홉 시나 되어 집에 들어갈 테니 그게 어디 쉽겠느냐고요. 12월에 있을 정기 연주회에는 꼭 참여해야지요. 그리고 국어 강사 이원수 선생(오빠 친구)에게 인사했더니, 오빠 만나려고 입대 전날 전화하니 오빠가 바빠서 못 볼 것 같다고 해서 섭섭했는데 이제 오빠 소식을 잘 들을 수 있겠다며, 깍듯이 존댓말로 상냥하게 대해 주더군요.

  아버지가 오빠 편지 읽으시고 "영구는 대체 누구냐?" 하셔서 모두 한바탕 웃었어요. 어린 시절이 끝나고 성인이 된 후의 이야기를 해야 하는데 워낙 인기가 있어서 그것을 늦추고 있다고 신문에 났더군요.

  오빠가 없으니 집이 한층 횅해요. 지나가야 할 2년이, 지금까지의 세월처럼 훌쩍 흘러 버렸으면! 언짢은 일 있더라도, 오빠가 말하는 '복덩이'를 생각해요. 그런데 그 '복덩이'가 살이 자꾸 찌니 어째요. 오빠 첫 휴가 나올 때까지 부단히 노력해야겠어요. 오빠 말대로 하루하루를 멋지게 보내고요.

두서없는 편지지만 오빠에게 휴식의 시간이 되기를. 다음 편지 받을 때까지 꼬깃꼬깃 주머니에 넣어 두고 틈틈이 펼쳐 봐요(애인 편지는 아니지만). 집 걱정은 말고 건강에 주의해요. 안녕. 잘 지내야 해요.

우리 집 맏딸이 맏아들에게.

우리 큰오빠 보세요.

그동안 잘 있었겠지요? 편지가 늦어서 미안해요.

가을이라 그런지 생각이 많아져요. 생각에 빠져 있다 보면 시간 가는 줄도 모르겠고. 요즈음의 거리는 혼자 걸어도 심심하지 않지요. 푸른 하늘을 쳐다봤다가 울긋불긋한 나뭇잎에 시선을 옮기기도 하고 바삭바삭 낙엽 바스러지는 소리를 들으며 가을을 만끽하고 있지요. 청소부 아저씨의 비질이 야속하다니까요. 오빠의 생활을 생각하면 사치스러운 정서인가? 늘 규율대로 움직이느라 바쁘겠지요.

우리 가족 모두 편안해요. 아버지가 주말에 오실 때 밝은 얼굴로 대문을 열면 그것만으로도 새삼 고맙지요. 농사지은 수확물이 가방에 가득하고. 엄마는 11월 초에 제주도 여행을 다녀왔어요. 우리 가족 중에 해외로 가 본 사람은 엄마가 처음이지요! 실로 오랜만의 큰 나들이에 무척 즐거워하며 우리 졸업 여행 때 꼭 보내겠다고 해요. 엄마가 제주도 갔을 때 일건 오빠가 작은오빠를 불러내어 술을 같이했어요. 큰오빠 군대 갈 때도 연락 못 했다며, 우리 집에 전화할 때 엄마가 받으면 어떻게 하나 조마조마했다나요.

작은오빠는 철희에게서 뉴욕 맨해튼을 배경으로 찍은 사진과 함께 편지를 받았어요. 훌륭한 친구를 둔 것 같아요. 형ㅇ이는 나름으로 공부에 열중하고 있고요. 나는 서클 생활로 갈등도 겪곤 해요. 이런저런 생활을 하다 보면 만나는 사람도 많은데 오빠만큼 청렴한 사람도 드물다 싶어요. 그럴 때는 오빠가 자랑스럽지요. 경험으로써 자신을 키워 가야지요. 좋은 말 많이 해 줘요.

리포트 써야 해서 그만 쓸까 해요. 우리 오빠, 집 걱정은 말고 몸 건강히 지내야 해요. 안녕.

(머리를 길러 길게 늘어뜨릴 작정이오.)

우리 맏딸이 맏아들 오빠에게.

보고 싶은 오빠.

이 카드와 함께 기쁜 마음으로 성탄절 보내요. 오빠가 품은 꿈,

부디 큰 자취를 남기기를 빕니다. 새해에는 더욱 멋진 우리 오빠가 되어요. Happy New Year!

오빠의 큰누이동생.

오빠, 오라버니 보서요.

소한, 대한이 지나고 날이 좀 풀리는 듯한데 그곳의 추위는 어떠한지. 전화로 오빠의 목소리와 건강하단 소식 듣고 엄마 편에 오빠 소식 들으니 그보다 반가운 게 있을까?

엄마는 밤 열한 시에 도착했다우. 엄마는 오빠의 그은 얼굴을 보는 순간 잘 알아보지 못했는데 다시 보니 남자다워졌더라며 흐뭇해한다오!? 아버지와 나는 오빠에 대해 묻느라 바빴고. 평소에 입에 대지도 않던 음식을 그리 잘 먹더라는 이야기는 신기하기까지 하지 뭐유.

오빤 내 통통한 볼이 생각나지 않으우? 그런데 이 영O가 장학금을 면제 받는 불효를 범했지 뭐야. 오빠가 옆에 있었어도 이리 송구스럽지 않을 텐데. 전공과목이 무척 어렵다니 정신 바짝 차려야겠어.

오빠한테 이상한 편지가 날아들었다면서? 이 동생은 오빠에게 조금도 어색하지 않은 올케 감이 나타났으면 좋겠어. 한때 내 친구를 소개하려 했는데 엄마가 허락하지 않지 뭐유. 스물네 살에

국민학교 선생님.

또래 학생들은 실망스러워. 소위 '고팅'이란 건데, 일부 골 빈 아이들의 유흥 수단인 줄 알았더니 대학 일 학년들에게 널리 퍼져 있어. 나는 바르게 걸을 거야.

우리 큰오빠, 오빠, 오빵야(작은오빠를 요즈음 이렇게 부름)! 내 소원이 날씬 그 자체인데 오빠가 떠난 후로 몇 그람이라도 불었으면 불었지 줄지 않으니 낭패 중의 낭패. '인간 박영○'로서 생각해 볼 문제야. 오빠가 멀리 있어도 우리 가족의 유대가 조금도 상하지 않고 더욱 강해진 것 같아서 기뻐.

펜은 잘 굴러가는데 내용은 두서없으니……. 수성 볼펜인데 괜찮은 것 같지? 건강 유의!

두 번째 맏이가 첫 맏이에게.

큰오빠에게.

샤프하면서 간혹 너그럽고 좀 괜찮은 우리 오빠, 그동안 잘 지냈우? 지난겨울은 오빠 생각으로 유난히 춥고 지루했어. 꽝꽝 얼어붙었던 하늘도 녹아내리느라 짬짬이 비를 뿌려 대더니 어느새 봄기운이 완연해. 그런데 꽃샘추위가 훼방을 놓고 있네. 오빠를 생각하면 봄이 참 고마워.

우리는 모두 활기에 차 있어. 아버지는 새 학기를 맞아 바쁘시고,

작은오빠는 타자 학원에 다니며 한편으로는 영어 회화 센터 회원으로 가입하여 마음껏 테이프를 들으며 공부하고 있어. 형ㅇ이는 1학년 2반(담임은 국어 선생님, 마흔 남짓, 남자)이 되어서 만족스러워하며 공부 각오를 단단히 하고 있어. 단짝 친구와 매일 도서관에 다니는 모습이 흐뭇하다우.

남산여고는 해마다 서울대학교에 여덟 명쯤 들어가나 봐. 공부도 많이 시키고 괜찮은 학교라고 해. 열심히 하기만 하면 되지 뭐. 우리 학과는 104명이었던 신입생이 이번에 52명으로 줄었어. 발령이 잘 나지 않으니 시집갈 준비나 하라고 선배들이 그러지 뭐야. 열심히 하면 대책이 생기겠지.

아버지의 건강은 옛날같이 좋아지시는데 엄마는 봄을 타서 입맛을 잃었네. 이 억울한 여동생은 단식한답시고 일주일 굶었는데 글쎄, 얼굴이 부어오르는 등 야단이 나서 엄마의 만류를 따라 그만둬 버렸어. 형ㅇ이는 한창이라 얼굴이 나보다 커지려 하고 다리에도 살이 올라서, 큰 키에 몸집까지 불으니 곧 오빠들에 육박할 것 같아. 반에서 자기보다 더 큰 아이는 드문가 봐.

외삼촌은 새마을중앙회 면접에도 합격했어. 당분간이 될지는 모르겠으나 일단 그곳에 다니게 됐어. 그러니 엄마도 한시름 놓았지. 우리 모두 알다시피, 엄마한테는 막내 동생이라 엄마가 여간 신경을 쓴 게 아니잖아.

오빠의 편지는 글씨부터 위압감을 주는 터라 한 자라도 놓칠세라 되새기며 읽고 있어. 나는 항상 우리 집을 고마워하고 개성 강한 오빠들을 뿌듯하게 여기고 있어. 오빠의 그을린 얼굴을 조금 있으면 볼 수 있겠지. 군화발로 씩씩하게 대문을 들어설 거야. 건강하게 지내.

대구 뚱.

큰오빠 보세요.

그동안 건강히 지내는지요. 소식이 뜸해서 무척 궁금했어요. 우리는 모두 잘 있어요. 가을이 오나 싶더니 문득 겨울을 연상케 하는 날씨네요. 올 겨울은 유난히 빨리 오는 것 같군요. 오빠들 걱정 때문이겠지요. 옷 두둑이 입고 건강 지키세요.

아버지는 여전히 건강하시고 엄마는 무척 바빠요. 외가의 윤우가 조그만 수술로 입원하는 바람에 엄마가 바라지하느라 힘들었지요. 오늘 퇴원했는데 염려 안 해도 된대요. 작은오빠는 엄마 목소리 듣고 싶다고 주말마다 전화하지요. 이번 주말에는 순진 오빠가 면회 간다기에 겨울 옷 몇 가지 부치기로 했어요. 오빠는 못 봤겠지만 형ㅇ이는 대구MBC뉴스에 인터뷰가 나왔어요. 계집애, 소감을 말하는데 깜찍하게 잘하데요. 이젠 공부한다고 바빠요.

군대에서 온, 괴상한 편지 두 통을 연달아 받았어요. 각각 다른 곳에서 부친 것인데, 학교 주소를 어떻게 알았는지 모르겠어요. 오빠가 그런 장난 칠 리는 없겠고. 두 통을 비교해 보기까지 했다니까요. '영○ 씨, 우리의 앞날을 오작교 난간에 꽃피울 의향이 없는지요?' 하고 쓴 걸 보면 갑갑하지 뭐유.

중간시험을 치르고 나서 하늘이 높아진 것을 알았고 오빠한테 편지 써야겠다는 생각이 들었어요. 오래 편지 못해 미안해요. 오빠가 입대한 지도 벌써 1년이 넘었어요. 그동안 잃은 것보다는 얻은 것이 많으리라 믿어요. 빨리 제대했으면 좋겠어요. 어제 작은오빠 편지가 왔는데 편지 안 해 준다고 우리를 나무라더군요. 전화를 자주 하기에 그런 건데. 큰오빠한테 보내는 길에 같이 부쳐야겠네요.

오빠들이 우리와 함께 지내는 날이 빨리 왔으면 좋겠어요. 그때까지 맡은 바 충실히 하며 지내겠어요. 날씨가 쌀쌀해서 이불 뒤집어쓰고 손만 내놓고 쓴 것이라 좀 이상하지요? 오빠가 내 앞에 있다고 생각하고 썼어요.

집 걱정은 말아요. 추위에 건강히 지내요. 안녕.

큰누이동생이.

큰오빠.

내 편지 받아 보았어요? 그 편지 보낸 날 오빠 편지가 왔어요.

추억록은 바빠서 완성하지 못했어요. 주소는 어디로 해야 하는

지? 묵주와 책 보내요. 성바오로서원에 반지 묵주가 없어서 다른 곳에서 샀어요. 책장 사이에 꽂아 두겠어요. 엄마도 껴 보고 나도 껴 봤는데 오빠의 어느 손가락에 맞을지. 묵주 끼고 가만히 엄마의 체온을 느껴 봐요. 따사로움이 남아 있을 거야. 형ㅇ이 사진은 많지 않아 한 장 보내요. 사진에서 '제65회 전국체전' 팻말 왼편이 형랑이래요.

우리 모두 잘 있어요. 특히 아버지는 요즈음 가정적인 모습을 더욱 보이시고. 작은오빠는 순진이 만나서 집에 전화했고요. 그러니 오빠는 아무 걱정하지 말고 추워지는 날씨에 옷이나 단단히 여며요. 참, 올케 감이 나타나지 않아서 어쩌지요? 그동안 오빤 뭘 했수? 물색해 보고 있지만 오빠 눈이 여간해야 말이지.

우리는 늘 오빠를 생각하며 하루하루를 보내고 있어요. 요사이 경대 캠퍼스는 가로수 땜에 경치가 참 아까울 정도지요. 시끌벅적하기는 하지만 아름다워요. 오빠는 바빠 가을을 느낄 여유도 없겠지요. 다가오는 겨울, 건강에 각별히 신경 써요. 또 편지할게요.

큰누이동생이.

큰오빠.

오빠가 밝은 모습을 하고 있다는 소식을 듣고 무척 기뻤어요. 그곳 추위는 그야말로 살을 에는 추위라지요. 나는 사흘째 부기 학원에 나가고 있어요. 오빠가 해 준 말들을 기억하며 하루하루를 보람과 지혜로 보내려고 애쓰고 있지요. 오빠도 지금까지 잘 해낸 것처럼 앞으로도 잘 지내기를 바라요. 무엇보다 내면이 좋은 것으로만 가득할 우리 오빠, 주님의 은총이 오빠에게 내리시기를 우리는 빌어요. 밝아 오는 새해에도 우리 남매의 분발을 기대해요. 우리 가족, 밝은 웃음만 머금고 나아갈 거야. 부디 건강하게 지내요.

큰누이동생이.

큰오빠 보세요.

그간 무척 궁금했지요? 우리 오빠 잘 갔다니 무척 고마워요. 캠퍼스엔 목련이 진 지 오래고 벚꽃 꽃비 이미 내려 꽃잔디만 찬란하답니다. 벌써 여름을 연상케 하는 따가운 볕이 등줄기를 간질이는군요.

큰오빠와 작은오빠가 다녀간 후로 편지 한 장 보내지 않은 것은 오빠들이 우리를 너무나 안심시켜 놓고 간 때문이지요. 아버지 엄마 다 밝으시고 형ㅇ이는 학교생활에 분주해요. 큰오빠는 하사 생활이 어때요? 모습이 눈앞에 아른아른해요. 작은오빠하고는 자주 편지 주고받나요? 작은오빠는 훈련 중에 서울 한 번 나왔다 들어갔대요. 그러고 보니 큰오빠 볼 날도 얼마 남지 않았네요. 빨리 제대해서 우리 아버지 도와주세요.

오빠, 나는 졸업 여행 가지 않기로 했어요. 부담이 너무 커 엄마한테 미안해서지요. 이제 중간시험이 거의 끝나 한 과목 남겨 두고 있어요. 3학년이 되니 많은 생각이 들어요. 자신에 대한 회의 같은 것……. 오빠도 그런 경험 있지요? 하지만 'This is me. I love this me because this is me. I'm happy to start something to do.' 하는 좋은 말을 생각하고 탈출구를 빨리 찾아야겠어요.

책 두 권을 샀어요. 아버지가 처음으로 내게 주신 돈으로! 크리슈나무르티의 '자기로부터의 혁명'과 홍자성의 '채근담'. 모두 내 것으로 만들어야 할 내용이에요.

요즈음 학교 후문에 '뽕! 학도호국단. 짠! 학생회'라는 재치 넘치는 현수막이 걸려 있답니다. 과연 대학이 자유로워지려는지.

종규 오빠가 큰오빠 보고 싶어 죽겠다고 전화했더군요.

몸 잘 다스려 건강하게 지내요. 또 편지할게요.

대구에서 큰누이동생이.

보고 싶은 오빠에게.

거리의 가로수들도 이젠 제법 노랗게 되어 갑니다. 별로 마음에 들지 않는 색들이지만 가을을 느끼기에는 충분해요.

오빠 편지 받고 무엇보다 기쁜 것은 오빠가 식량난에 시달리지 않고 잘 있다는 것이었어요. 오빠가 입대한 후 아버지 엄마를 비롯하여 우리가 가장 걱정한 게 그 밥 문제였는데 이젠 안심이 되는군요. 우리는 모두 잘 있어요. 집수리도 모두 마쳤고요. 방 셋을 싹 도배했답니다. 집이 한결 밝아졌어요.

새 식구들이 들어온 지 열흘이 넘었네요. 신혼부부인데, 아저씨는 영남대 공대 야간부에 다니며 아줌마랑 맞벌이를 해요. 어제 아버지께서 다녀가셨어요. 토요일에 오실 때 도토리 조금하고 대추 한 아름을 가지고 오셨지요. 대추는 말려서 떡에 넣어 먹을 거래요. 오빠도 그때 휴가 나와서 먹고 갔으면 좋겠네요.

오빠, 이 형ㅇ이의 그 운명의 날(?)이 이젠 50여 일밖에 남지 않았네요. 오빠가 바라는 만큼 할 수 있을지는 모르겠어요, 나름으로 노력하고 있지만. 요즈음 우리 반에 유행하는 말이 '떨어지면 선생님 탓이요, 붙으면 엿 덕이다'라는 말이지요. 과연 명언이지요?

지난 18일은 우리 학교의 체육대회였어요. 3학년의 종목에 '다 함께 춤을'이라는 게 있었는데 우리 반이 우승했지요. 맨 앞에서 춘 나는 한마디로 히트였어요. 자리도 본부석 앞이었고.

참, 요새 간난이네 집안 사정이 참 안 좋아요. 간난이 엄마가 정신 차리고 돌아와 잘살다가 또 미쳐 버렸어요. 도둑질을 하는 등 말썽을 피워 동네에서 쫓아내려고 야단이었지요. 무수동을 떠나기로 하고 보따리를 쌌지요. 근데 간난이는 떼 놓고 간다지 뭐요. 영구는 그게 싫어서 할매한테 대들고 누나한테 이르러 갔어요. 참 가엾지요?

오빠, 힘든 생활 잘 이겨 내요. 고될 때에는 이 뽕란이를 생각해요. 나도 오빠 생각하며 이겨 낼게요. 우리 큰오빠 파이팅!

큰오빠의 건강을 빌며 막내, 뽕.

보고 싶은 오빠에게.

하늘은 이루 말할 수 없이 푸르고 거리의 은행잎은 노란 꽃 같아요. 아침저녁으로 꽤 쌀쌀한 요즈음이지요? 며칠 안 있어 추위가 몰아칠 텐데 몸 건강히 있는지 궁금해요. 집안 식구들은 모두 편히 잘 있어요.

지난주 월요일, 엄마가 제주도 다녀왔어요. 그렇게 좋을 수가 없었대요. 한국의 하와이래요. 지도로 보면 꽤 먼데 비행기로 50분 정도밖에 안 걸린다네요. 놀랍죠? 귤 한 상자, 기념 접시, 꿀, 파인애플을 사왔어요.

나는 지난 2일부터 5일까지 중간시험을 치렀어요. 공부가 충분하지 않아 좋은 결과를 기대하기는 어려울 것 같아요. 그런데 말이죠. 어제 국어 시간에 선생님이 내 국어 성적이 제일 좋다고 칭찬했어요. 열다섯 개 정도 되는 영어 듣기 시험도 만점이 우리 반에서는 나뿐이었고요. 조금은 으쓱해지더군요.

이제 고등학교 입시도 한 달 정도밖에 남지 않았어요. 공부를 더 열심히 해야 하는데 잘 안 돼요. 괜히 마음만 싱숭생숭하고. 쉬는 시간에 아이들이 하는 얘기는 참 엉뚱해요. 연합고사 치르고 나서 뭘 할까? 모두 그 생각뿐인 것 같아요. 하긴 그런 즐거운 상상으로 더 열심히 공부하고 있는지도 모르지요.

오빠가 간 후 우리는 맛있는 음식이나 즐거운 일이 있으면 꼭 오빠 생각이지요. 엄마의 걱정은 대단해요. 조석으로 오빠 밥을 떠 놓지요. 요즈음 유행하는 말 하나 가르쳐 줄까요? 김병조의 "너 누구냐? 네 아버이 이름이 뭐냐?"가 한창이지요. 참, 주병진하고 김수희는 대마초로 매장되었어요.

오빠, 언제쯤이면 부대 배치되나요? 첫 면회 때 꼭 가고 싶어요. 환절기에 건강 유지에 힘쓰고 옷 따뜻이 입어요. 집 걱정은 조금도 말고. 또 쓸게요.

막내.

보고 싶은 오빠에게.

올해는 예년보다 겨울이 한 달 가량 앞서 왔네요. 그저께 첫눈이 내렸지요. 첫눈치고는 참 많이 왔어요. 날씨가 아주 변덕스러워요. 하룻밤 사이에 겨울이 되었다가 봄 날씨가 되었다가…….

오빠가 배치된 곳은 날씨가 매우 차지요? 훈련소 주소와 같은 양평군인 걸 보니 근처인가 봐요. 칼날 같은 추위, 상상이 되지 않아요. 6주간 훈련받느라 참 애썼어요.

오빠의 편지 받고 마음이 놓였어요. 무엇보다, 오빠가 생활의 지침을 가졌다는 것이 기뻤어요. 인간은 약한 동물에 불과하니까 믿음이 꼭 있어야 하리라 믿어요. 이 형○이도 좀 있으면 한 계단 올라서겠지요. 세상을 좀 더 넓게 보고 내 위치를 다시 한 번 확인해야겠어요.

오빠, 기쁜 소식 알려 줄까요? 작은오빠가 카투사 시험에 합격했어요. 어제는 기쁜 날이 되었지요. 큰오빠 소식 오고 작은오빠의 군 문제가 그리 걱정하지 않아도 되게 되었으니까요. 두 가지 소식 접하자마자 엄마가 아버지한테 전화했지요. 아버지도 기뻐하셨고요.

참, 나는 이번 중간시험에서 전교 9등을 했어요. 반에서는 1등이지요. 그리 좋은 성적이 아니라 걱정이네요. 오빠가 바라는 결과를 낳을 수 있을지. 연합고사가 이제 20여 일밖에 남지 않았어요. 학교에서나 집에서나 관심을 많이 쏟아 주니 좋은 결과가 나와야 할 텐데. 최선을 다해야지요.

지금이 아침 여섯 시 이십 분. 나가서 머리 감고, 학교 갈 채비를 해야겠어요. 이 추운 계절에 꺾이지 말고 당당히 나아가요, 오빠.

오빠의 작은누이 씀.

보고 싶은 오빠에게.

겨울이 성큼 다가왔어요.

단풍으로 아름답던 나무들은 가지만 앙상해요.

추운 날씨에 잘 있다니 우선 안심이 되네요. 식구들 모두 잘 있어요. 큰오빠 자리를 채우느라 우리 책임이 조금씩 늘었어요. 언니도 '덩치 큰' 오빠도 학기말시험을 앞두고 있어 참 바쁘지요. 우리 셋 다 5일부터 시험이군요. 나는 졸업 시험이고. 연합고사 빼면 중학교에서는 마지막 치르는 시험이니 뭔가 허전해요. 내가 벌써 고등학생이라니!

오빠 편지 받고 약간 겁이 났어요. 내가 과연 오빠 생각처럼 열심히 하고 있는지. 나를 지켜보는 이들의 기대에 맞는 좋은 성적을 연합고사에서 거둘 수 있을지. 최선을 다하는 수밖에 없지요.

연합고사와 함께 또 우리를 기다리는 것은 졸업. 모두들 시험 때문에 이별의 슬픔 같은 것은 뒷전이지요. 중학교 3년은 깊이 추억 속에 간직될 것 같아요. 내가 존경하는 선생님. 고등학교 가서 그런 선생님을 만날 수 있을지.

다섯 시에 끝나는 자습 시간 이후에도 남아서 더 하고 있는데, 끝내고 교문을 나설 때는 참 뿌듯해요. 뭔가 차오르는 느낌. 이제 남은 17일을 최대한 이용해서 최대의 효과를 거둘 수 있도록 다시 한 번 두 눈에, 아니 마음에 단단한 무장을 해야겠어요.

오빠, 문숙이한테 오빠 이야기를 했더니 나중에 면회 갈 때 같이 가자고 해요. 12월 14일의 '우리의 그날'을 무사히, 아주 훌륭히 넘기고 오빠한테 꼭 갈게요. 추위 잘 견뎌 내고 일에 충실히 임해요. 안녕, 오빠.

막내가.

오빠.

나무들은 이제 가지만 앙상하게 남아 겨울을 더욱 재촉하고 있어요. 요 며칠 계속 쌀쌀해요. 오빠가 있는 곳은 굉장하겠지요. 건강 유지 잘하고 있는지 궁금해요.

우리는 모두 편안히 있고요. 진작 오빠에게 편지하려 했는데 잘 안 됐어요. 오늘부터 7일까지 3일간 졸업 시험이 있어요. 14일에 있을 연합고사를 빼면 중학교에서의 시험은 마지막이지요. 다른 어떤 시험보다 잘 치러야 하는데 만족스럽게 공부를 해 놓지 않아 걱정돼요. 연합고사는 꼭 8일 남았네요. 내가 바라는 점수를 얻어야 할 텐데. 오빠가 마음으로 격려 많이 해 줘요.

작은오빠는 지난주에 시험을 마쳤고 언니는 오늘부터 바쁠 것 같아요. 연합고사 끝나면 금방 방학이지요. 17일(토)이 졸업식이니까요. 친구들이랑 시험 후에 할 일을 계획해 놓았어요. 그걸 생각하면 모든 긴장과 초조감이 사라져요. 8일 동안 긴장, 초조 등을 꼭 묶어서 능력 이상을 발휘해야겠어요.

이제 밥 먹고 학교 가야 돼요. 오빠, 이 형ㅇ이가 졸업 시험과 연합고사 잘 치르도록 성원 많이 해 줘요. 바빠서 글씨도 내용도 엉망이네요. 이해하기를…….

극성스러운 날씨에 항상 건강에 힘써요. 안녕.

대구에서 막내가.

큰오빠에게.

2월 날씨가 이제야 제자리를 찾나 봐요.

며칠 동안 찬바람이 쌩쌩 불더니 이제 봄을 향해 발돋움이네요.

오빠 편지 잘 받아 보았어요. 염려 덕분에 우리는 모두 편해요. 아버지는 개학이니 학교로 가셨고 여기는 엄마의 지휘로 잘해 나가고 있어요. 언니는 살 빼는 데 한창이고. 밥은커녕 군것질도 전혀 안 하고 사과 세 개로 하루를 버텨요. 닷새쯤 되었을까? 참 장하죠? 속 버린다고 엄마는 극구 반대하지만 누가 그 비장한 결심을 막을 수 있겠어요. 오빠도 응원해 줘요. 언니의 '살빼기 서약서'를 보면 참 무서워요.

나는 시험 후 계속 학교에 나가고 있어요. 어제는 탁구 대회, 오늘은 합창 대회, 내일은 졸업식 연습, 그리고는 졸업. 와, 내가 벌써 졸업이라니! 참 빨라요. 졸업식에 참석하지 못한다고 서운해하고 미안해할 것 없어요. 오빠 마음을 내가 알고, 축하 편지만으로도 충분하니까.

　TV 뉴스에 양평은 꼭 나와요. 대구는 영하 10℃만 돼도 춥다고 난리인데 영하 23℃라면 엄청나지요? 혹 동상이나 걸리지 않을까 엄마는 걱정인데, 괜찮아요? 건강 잘 돌보기를 바라요.

　핀컬 파마를 했는데 참 어색해요. 보고 싶지요? 난생 처음 머리를 지져 놓고 보니 갑자기 커 버린 느낌이에요. 졸업 사진 잘 나온 것 있으면 보낼게요. 요즈음은 공부 안 하고 조금 놀고 있지요. 오전 수업 마치고 친구들이랑 헤어지기가 섭섭해서 모여 얘기하며 놀곤 하다 보니 그렇게 됐어요. 오빠 편지 받고는 정신이 번쩍 들어요. 이젠 공부할게요. 살이 뿌득뿌득 쪄서 55kg이어요. 덜 먹어야지.

　봄이 기다려져요. 새 학년에 새 출발을 하고 오빠도 올 테니까.
　건강 조심해요.

막내가 보내요.

큰오빠.

　'방천여고'에 다닌 지도 어느덧 일주일이 다 돼 가네요.
　바람도 심하고 수성교 아래로 흐르는 물이 더욱 춥게 해요.
　편지가 늦어 정말 미안해요. 미루다 보니 나쁜 동생이 되었네요. 이곳 식구들 모두 건강하고 편안히 있어요. 맛있는 것을 만들면 엄마는 늘 오빠 생각. 큰오빠가 군 생활을 원만히 해 나가기를 모두가 응원하고 있어요. 힘내요, 오빠.

언니는 살이 더 찐 것 같아요. 일주일을 굶더니 며칠 전부터는 그냥 먹어요. 오빠가 야단 좀 쳐요. 오늘이 내 생일이야요. 엄마가 맛있는 음식 해 주고 작은오빠는 돈도 주더군요. 큰오빠가 그리웠어요. 나는 1학년 2반이 됐어요. 담임선생님은 성함이 박상근이고 국어 담당에 키가 무척 크시지요. 유머러스하고 좋아요. 키 큰 사람은 싱겁다더니……. 나는 61명 중 60번. 그동안 더 컸거든요.

오늘은 반장 선거가 있었는데 되고 말았어요. 후보가 네 명인데 거의 반수를 얻었어요. 1학년 때만 하고 하지 말아야지, 국민학교 4학년부터 연속으로 하는 반장 일이 내 모든 것을 향상시켜 주기는 했지만. 고등학교 오니 확실히 분위기가 달라요. 선생님들은 연합고사 성적을 크게 생각지 않지만, 김고란이라는 198점짜리 아이가 같은 반이라 좀 걱정이죠. 게다가 부반장이 되었고. 영어, 수학에 특히 신경 써서 열심히 해야지요.

내 얘기만 해서 이상해졌네요. 큰오빠는 오빠답게 잘해 나가고 있겠지요? 오늘은 날씨가 조금 풀려 추위 걱정을 가라앉게 했는데 양평은 어떤지요.

우리 학교는 개신교 학교라 기도 시간이 많아요. 그럴 때마다 난 큰오빠를 위해 기도하지요. 그러니 더욱 힘내요.

편지 늦은 것, 오빠의 그 넓디넓은(?) 마음으로 이해해 줘요. 앞으로는 자주 쓸게요. 기대해도 좋아요. 큰오빠야, 안니엉.

막내가, 제 귀 빠진 날에.

보고 싶은 오빠에게.

방천 둑에 활짝 피었던 개나리, 진달래도 꽃잎을 떨군 지 이미 오래여요. 이젠 교정에 라일락 향기가 가득하지요. 오빠가 있는 곳도 봄 향기에 잠겨 있겠지요.

변덕스러운 날씨에 잘 있는지 참 궁금하구먼요. 이제야 편지 띄워 참 미안하고. 여기 가족들은 잘 있어요. 아버지는 오늘 오셨고. 엄마는 그저께 참 많이 아팠어요. 몸살이었는데, 병원에서 주사 맞고도 더 많이 앓았지요. 소양약국 약 먹고는 그 이튿날 금방 나았어요. 걱정 말아요, 지금은 괜찮고 기분도 좋으니.

엄마가 아픈 바람에, 금요일에 있었던 내 소풍 준비를 언니가 해줬지요. 소풍 가서는 잘 놀았어요. 춤으로 애들 입을 벌려 놓기도 하고. 월요일에는 체육대회가 있었는데, 배구 준결승에서 참패했지요. 막 울었어요. 줄다리기 1등으로 분풀이했어요. 상으로 노트를 받았어요. 던지기 종목에 나가서 4등을 했는데, 3등까지 상을 주니 얼마나 아깝던지. 체육대회다 소풍이다 마구 쏘다녔더니 얼굴이 새까매졌어요. 선생님들이 다 놀라더군요. 꺼이꺼이. 작년에 포항 가서 온몸을 까맣게 태워 왔을 때, 등에 생긴 허물을 오빠가 하나하나 벗겨 주었던 일이 생각나요.

넓적 오빠. 요새는 학교생활이 너무 바빠 재미없어요. 재미를 느낄 겨를이 없다니까요. 4월 시험 성적이 너무 나빴으니, 5월 15일부터 있을 중간시험에는 꼭 1등을 해야지요. 30일(월)은 개교기념일이라 쉬어요.

열심히 공부할게요. 오빠도 열심히 살아요. 건강도 조심, 모든 생활에 조심조심. 그럼 이만 펜을 놓겠어요. Bye-bye.

막내 동생.

보고 싶은 큰오빠.

멀리 산들이 온통 초록으로 두르고 있고 시원한 그늘이 여기저기서 너울거려요. 대구는 특유의 더위를 막 시작하고 있지요.

건강을 해치기 쉬운 요즈음, 오빠, 아무 탈 없이 잘 있는가요? 가족들 모두 편안히 잘 있어요. 작은오빠한테서도 연락 잘 오고 있고요. 온통 집 걱정인 것이 큰오빠 편지하고 똑같아요.

6월 초에 오빠 친구들한테서 전화가 많이 왔지요. 홍엽 오빠랑 종규 오빠가 몇 번이나 전화를 했어요. 휴가 나올 때 됐는데 언제 나오느냐고 궁금해하더군요. 우리도 많이 기다렸어요. 냉장고에 참외, 토마토, 떡 등을 준비해 놓고 며칠을 기다렸지요. 오빠 덕에 내가 살이 찌고 있다니까요, 내가 대신 먹어 치우느라.

언니는 기말시험 기간이라 참 바빠요. 새벽 다섯 시에 굴러 나갔다가 밤 열 시가 넘어야 굴러 들어오지요. 참 열심히 하는데 왜 살은 안 빠지는지…….

나도 요새 시험 준비 때문에 바빠요. 22일에 아이템풀 시험을 보거든요. 참, 나 아이템풀 시험지 받아 볼까요? 친구들 몇몇도 받아 보고 있고 엄마도 자꾸 권하는데 오빠 의견은 어때요?

며칠 안 있어 여름방학이 시작돼요. 올여름에는 갈 데가 참 많아요. 부산의 은희 언니가 우리 두 자매 해수욕하러 오라고 하지, 서울 전학 간 친구 은정이한테도 가 봐야 하지, 학교 수련회도 있지, 오빠들한테도 가 볼 생각이지…….

요즈음은 학교 갔다 오면 집이 비어 있을 때가 참 많아요. 빈방을 혼자 들어서면 참 쓸쓸하지요. 넓적한, 오빠들의 웃는 얼굴이 생각나요. 같이 과자도 사 먹고 기타도 치고 싶은데. 참, 언니는 '복현가요제'에 나갔는데 본선에서 탈락했지만 탁월했어요. 선영이 언니랑 듀엣으로 '참새와 허수아비'를 불렀거든요. 다른 친구 하나가 기타 반주를 하고요. 예선은 무난하게 통과했는데 본선에서 입상하지 못해서 안타까워요. 창작곡만 뽑은 탓이지요. 얼마나 잘 불렀는지 들어 보면 오빠도 놀랄 걸요.

22일에 시험 치르고 23일(토요일)부터 성당에 나갈 생각인데 괜찮지요? 내 짝, 화진이가 다니는 봉덕성당이야요. 요새 부쩍 외로워지고 무엇에 의지하고 싶어요. 성서도 자주 읽고요.

날씨가 자꾸만 더워지니 정신도 육체도 피곤해져요. 그럴수록 눈에 불을 켜야겠어요. 내공과 외공(?)을 합하여 초점을 모으고 아랫배에 힘을 주어 전진, 또 전진해야지요. 오빠도 그래요, 꼭! 집 걱정은 조금도 말아요. 키 167㎝의, 이 형ㅇ이가 있으니 항상 건강에만 신경 써요. 그럼 오빠, 녹음이 더 짙어질 때면 또 쓸게요.

막내.

보고 싶은 오빠야.

연일 35℃를 넘는 무더위에 이 형ㅇ이는 축 늘어져 버렸어요. 어제는 38℃를 넘어섰지요. 그야말로 살인적인 무더위! 방금 라디오에서 내일도 38℃를 웃돌 거라고 하네요.

아무리 덥다고 해 봐야 오빠가 겪고 있는 더위에 비하면 아무것도 아니겠지요? 이렇게 더운 날씨에 오빠는 잘 있는지 궁금해요. 가족들은 잘 있어요. 아버지는 요새 치아 치료 때문에 치과 다니셔요. 엄마는 딸들 바라지에 여전히 바쁘고요. 언니는 매일 아침 근처 학교에서 하는 에어로빅 갔다 와서 부기 학원에 나가지요. 살도 빠지고 있고요. 나는 체감온도가 40℃를 넘는 교실에서 보충수업 받으려니 큰 고역이어요. 눈물이 날 정도지요. 하루 다섯 시간씩 14일까지 계속돼요. 너무 더워서 선생님이랑 게임도 하고 그래요. 그래도 집에 있는 것보다는 나아요.

지난 7월 28일부터 30일까지 작은오빠 면회를 다녀왔어요. 새벽 차를 타고 가서 서울역에서 아침을 맞았지요. 서울 이모네 가족 모두에 둘째 외삼촌이랑 해서 여덟 명이 갔어요. 의정부는 서울에서 버스로 40분쯤 걸렸어요. 버스를 갈아타고 열두 시 삼십 분쯤 부대 앞에 도착했는데, 오빠 부대가 그 전날까지 훈련을 나갔다 와서 장비 정리하느라 세 시쯤에야 면회가 허락되었지요.

작은오빠한테는 아직 외출 티켓이 허락되지 않아 우리가 부대 안으로 들어갔어요. 시설이 참 좋더군요. 농구장, 수영장에 오락 시설까지. 그날은 저녁 먹고 일곱 시까지 같이 있었고, 다음 날 다시 만나 오빠한테 필요한 물품들을 샀어요. 작은오빠 역시 건강해졌어요. 얼굴이 까맣데요. 서울 이모가, 큰오빠 면회 때는 그리 춥더니 이번에는 너무 더워서 기억에 남을 것이라고 해 한바탕 웃었지요. 둘째 외삼촌은 이번에 쌍둥이 아들을 낳았어요. 기쁘죠?

오빠, 이제 가을바람이 살랑살랑 불어오면 더위도 물러나겠지요. 그때는 우리도 많은 결실을 거둬야겠어요. 남은 반년을 노력으로 가득 채워서. 이제 완전히 땅거미가 내렸어요. 집 걱정은 말아요. 내가 있잖아요. 늘 명랑하게 살아요. 안녕.

막내가.

보고 싶은 오빠요.

푸른 하늘과 흰 구름이 어우러져 한 폭의 그림을 이루는 날씨여요. 환절기에 감기나 걸리지 않았는지 걱정되네요.

집안 식구들은 모두 편안해요. 아버지 엄마의 건강 여전하고요. 언니는 '사탑(師塔) 가요제' 나간다고 집에만 오면 악보 들고 꽥꽥거려요. 작은오빠한테서는 아직 연락이 없네요.

나도 참 바빠요. 전국체전에서 표지판을 들고 들어가기 때문에 입장식에서 맨 앞에 들어와요. 맹연습 중이지요. 참, 오빠요. 나, TV에 나왔다오. KBS-TV에서 소감을 묻더군요. 카메라 앞에서 잔뜩 뽐내고 이야기했죠. 오늘 아침 여덟 시 KBS-TV 대구 뉴스에 나왔어요. 난 학교에 있어서 못 봤는데 엄마, 언니가 봤어요. 나, 대단하죠? 히히. 문숙이도 안동의 민속놀이 '놋다리밟기'에서 공주로 뽑혀 연습하고 있대요. 오빠요, 11일에 꼭 TV 봐요. 개막식이 열 시래요. 학교에 이름이 난 만큼 몸가짐도 조심해야지요. 선생님들은, 내가 참 날씬하다나요? 우습지요? 공부도 소홀히 하면 안 되겠지요. 바빠서 시간을 뜻대로 쓸 수 없지만 열심히 할게요.

오빠는 휴가 잘 쉬고 가서 잘 적응하고 있는지요. 엄마는 늘 오빠들 걱정뿐이지요. 집 걱정은 말고 충실히 생활해요. 답장하기 싫더라도 해 줘요, 기다릴 테니.

오빠, 빠이빠이.

막내.

보고 싶은 오빠.

서서히 추위가 다가오는, 쌀쌀한 초겨울에 우리 오빠들이 걱정되어 펜을 들어요. 작년에는 소주도 얼었다던데 요즈음 날씨는 어때요? 추위가 다가올수록 오빠들 생각이 깊어져요.

여기는 모두 편해요. 언니는 아직 체중 감량을 못해 걱정이고, 나는 키가 더 컸어요. 자꾸 클까 봐 걱정돼요. 버스 안에서 남학생들이 내려다보이니 으쓱해지기도 하고. 요즈음의 생활이 엉망이라 부끄러워서 말도 못하겠어요. 85학년도 대학 입시가 이번 주에 있어서 그런지 대학 진학 문제만 머릿속을 돌아다녀요. 2년 후의 내 모습이 어떨까 생각하면 막막해요. 그렇지만 힘을 내야지요.

오빠, 정말 세월 빠르지요? 84년도 40여 일밖에 안 남았어요. 해가 바뀌면 오빠는 제대하고 나는 2학년이 되고. 시간을 거슬러 올라가서 살면 어떨까요? 조금 있으면 방학이네요. 엄마하고 오빠 면회 가야지. 눈이 내릴 때 오빠하고 마주 보고 얘기도 하고 웃고 싶어요. 올해는 눈이 좀 많이 와 주면 좋겠는데.

오빠, 추워도 마음을 밝게 가져요. 힘들어도 조금만 참아요.

언제나 건강에 유의하고. 나는 또 쓸게요.

오빠가 사랑하는 막내가.

보고 싶은 오빠.

회색의 겨울 하늘 아래 가만히 오빠를 불러 봐요. 쌀쌀해지는 날씨가 참 얄밉군요. 우리 두 오라버니 건강히 잘 있는지 제일 궁금해요. 물론 "예스"겠지요. 여기도 "예스"지요.

이제야 편지 띄우게 돼서 정말 미안해요. 그동안 재미있는 일이 참 많았다우. 11월 초에 우리 학교 '수삼제'가 있었는데 난 내 이름을 제목으로 한 문집을 냈지요. 반응이 꽤 좋았어요. 칭찬의 말이 총 64명의 필적으로 가득했지요. 오빠도 봤으면. 참, 6일에 작은오빠가 휴가 올지도 몰라요. 작은오빠 오면 부대에서 영어 열심히 하라고 해야겠어요. 요즈음 생활 영어가 참 중요하다던데.

어느새 한 해가 지나갔어요. 알게 모르게 놓쳐 버린 시간들이 너무도 안타까워요. 1학년을 지내면서 해 놓은 게 뭐가 있나, 그저 쓸쓸할 뿐. 그래도 오빠를 생각하면 힘이 나요. 오빠, 나 너무 커서 걱정이어요. 버스를 타고 둘러보면 나보다 큰 사람이 거의 없다니까요. 이러다 천장을 뚫으면 우야지요? 그만 커야겠는데 좋은 방법이 없을까요? 언니도 컸어요. 숙녀 티가 나요. 하긴 곧 스물두 살이니. 이번 크리스마스는 오빠들이랑 함께 보냈으면 좋겠는데. 시내에는 벌써 카드를 팔고 캐럴이 쏟아져 나와요. 너무 떠들썩한 것은 싫어요. 참, 중순쯤 엄마가 오빠한테 갈 것 같아요.

오빠야 건강은 곧 모두의 건강! 즐겁게 생활해요. 또 쓸게요.

막내.

큰오빠.

한 해의 마지막 시점에 서서 지난 1년을 돌이켜 보고 있어. 오빠들 없이 언니랑 둘이서 엄마 도와 왔는데 그게 잘 안 된 것 같아서 오빠한테 미안해. 내년에는 더 잘할게.

날씨가 무척 추워졌으니 건강에 유의하면서 복무에 힘써. 참, 어제 방학했는데 1월 7일부터는 보충수업이야. 열심히 할게. 며칠 안 남은 84년, 뜻 깊은 마무리가 되기를. 또 쓸게, 안녕.

막내.

보고 싶은 오빠요.

추운 날씨에 하늘도 얼어붙었는지 내려오는 빛줄기가 오히려 차가워요. 돌을 던지면 금이 쫙 가면서 무수한 푸른 조각들이 땅에 떨어져 박힐 것 같아요.

그곳도 이렇게 추울 텐데 건강히 잘 있었는지요. 여기 가족들은 다 건강하고 잘 있어요. 엄마가 오빠 편지 많이 기다렸는데. 언니랑 내가 보낸 카드는 잘 받았겠지요?

난 오늘부터 보충수업에 들어갔어요. 15일간 받지요. 그런데 교실에 난로를 피워 주지 않아 종일 떨다가 왔어요. 웅크리고 있어서 온몸이 쑤셔요. 교무실에서는 11월부터 나무가 몇 상자씩이나 숯이 되어 나오고 있는데 학생들은 이렇게 떨고 있다니까요. 추우면

같이 추워야지! 오빠들만 집에 있었으면 보충수업 신청하지 않았을 텐데. 언니는 요새 서예 학원 다녀요. 엄마가 언니 재능을 키워 주려고 하나 봐요.

지난 12월 29일부터 31일까지 서울 다녀왔어요. 은정이 알지요? 중학교 3학년 때 부반장 하던 애. 걔가 친구들을 서울에 초대했거든요. 오빠가 있었으면 어림없었겠지만 엄마 허락을 받아 냈지요. 서울에 있는 동안 작은오빠 만났어요. 같이 이모 집에도 가고. 혼자 양평에 오빠 만나러 가려 했는데 도저히 지리에 자신 없어서 그만뒀어요. 미안해요, 오빠.

날씨가 추워질수록 엄마는 오빠 걱정이 늘어요. 오빠한테 가려고 털실로 조끼도 짜 놓았지요. 나중에 휴가 오면 입고 가요. 요번 설은 오빠하고 같이 지낼 수 있으려나? 그랬으면 좋겠는데. 옆에서 엄마가 연신 이르는군요. "뭐니 뭐니 해도 몸조심하라 그래라."

이제 오빠도 나도 한 살씩 더 먹고 생각과 마음도 더 커지겠지요. 마지막 겨울, 잘 보내요. 몸 건강히 안녕.

모두의 막내가.

보고 싶은 큰오라버니.

후덥지근한 날씨가 며칠 계속되더니 오늘은 꽤 선선하네?
이제 여름이 오면 무척 더울 테니 어떻게 지내나 벌써 걱정돼.

경포대에서 보낸 엽서 받았는지 모르겠네. 오빠 휴가 다녀간 후 내 생일 축전 외에 오빠 편지 받은 게 없어서 좀 걱정돼. 오빠, 건강히 잘 지내? 엄마는 늘 걱정이야. 이 편지 받는 즉시 답장 보내 줘.

오늘이 초파일, 엄마는 이모와 절에 다녀왔어. 아버지는 오늘이 휴일이지만 일직 근무시라 어제 학교로 가셨어. 아버지가 고생이 너무 심하셔. 내가 좀 컸나 봐. 작은오빠는 13일에 3일 휴가 나왔어. 내 시험 기간이라 같이 놀지도 못하고 얘기도 제대로 나누지 못했네. 작은오빠는 편히 잘 있어. 언니는 내일부터 축제 기간인데 언니네 과에서 포장마차를 한다고 조금 바빠.

내가 2학년이 되고도 석 달이 흘렀어. 흐르는 시간이 아까우면서도 생활에 틀이 잡히지 않네. 오빠가 얼른 제대해서 날 격려해 줘. 그리고 나, 키가 너무 커서 걱정이야. 이제 170㎝쯤 될 거야. 전에는 작은오빠를 쳐다봐야 했는데 이번에는 거의 마주보며 이야기했어. 여자가 너무 크면 보기 싫잖아. 버스에 타면 시선이 집중돼. 오빠, 내 또래들은 너무 유치하고 어려 보여. 내가 철이 든 건지. 친구들과 얘기하다 보면 재미있지도 않고 우습지도 않아. 그냥 한심해 보이고. 오빠도 그런 때가 있었겠지?

멀리서 목탁 소리가 들려오는, 고요한 밤이야. 편지 받는 즉시 답장해.(같이 보내는 사진은 수학여행 가서 찍은 거야.)

막내.

제3부

삶의 방점(傍點)
― 지구촌을 살짝 들여다보다

가히 '지구 마을'이라 할 시대, 휴가철이며 명절 연휴면 공항이 터져 나가는 시대에 그곳의 풍광 같은 것이야 나까지 나서서 이야기를 거들어 무엇 하겠는가. 다만 그들의 일상을 들여다본 느낌, 여행 중 내 삶에 비친 객수(客愁) 같은 것을 나직이 풀어 놓으려 한다.

교사라는 천직의 끝에 이르러 아이들 네 남매도 다 자립해 나가 부모로서 진 부양의 임무를 벗으니, 경제적으로든 심리적으로든 그야말로 한숨 돌리고 주변을 두리번거릴 만한 여유가 생기는 것이었다. 거기에다, 육중한 짐을 함께 지고 어려운 시절을 영웅적으로 헤쳐 나온 아내의 긍정적이고 적극적인 성향과 에너지가 더해져 몇몇 다른 나라의 삶을 들여다볼 수 있는 기회를 있게 했다. 지금 돌아보노니 노구(老軀)를 이끌고 먼 거리를 장시일 다닌다는 것은 그나마 그때가 아니었다면 불가능했을 것이다. 이 모든 것을 있게 해 준, 평안한 노년에 감사한다.
 가히 '지구 마을'이라 할 시대, 휴가철이며 명절 연휴면 공항이 터져 나가는 시대에 그곳의 풍광 같은 것이야 나까지 나서서 이야기를 거들어 무엇 하겠는가. 다만 그들의 일상을 들여다본 느낌, 여행 중 내 삶에 비친 객수(客愁) 같은 것을 나직이 풀어 놓으려 한다. 다만, 캐나다 여행은 저간(這間)의 사정이 각별한 것이라 자못 소상히 기술하고자 한다.

하와이

1996년 유월, 동창생인 박성현에게서 미국 여행 계획이 있는데 함께 가겠느냐는 전화가 왔다. 마침 팔월 말의 정년퇴임을 앞둔 터이기도 해서 쾌히 응했다. 그것이 하와이 여행으로 바뀌고 칠월 십구일로 출발이 잡혔다. 나의 첫 해외여행이었다.

난생 처음 하늘에서 바라본 하늘이 가슴에 새겨져 있다. 그중 특히 일출의 인상이 참으로 강렬했다. 가도 가도 끝이 없을 것 같은 하늘에 솜 같은 구름이 첩첩한데, 그 너머 아득한 곳에서 비롯된 태양광이 무수한 구름에 스며들어 빨강, 노랑, 자주, 검정 보라, 파랑…… 형형색색의 형상을 연출하니, 대자연의 섭리 앞에서 사뭇 경건해지는 것이었다.

공항 검색대에서는 우리 가방에 든 과일 몇 개 때문에 입국 수속이 늦어졌다. 첫 해외여행 길인 아내와 나에게는 그리 쑥스러울 것 없는, 피식 웃음 짓게 하는 추억이다. 듣기로 한국 관광객들이 비상식적인 언행으로 지탄을 받고 있던 시절이라 각별히 몸가짐에 주의하고자 했다.

사람 사는 모습이 무어 다를 바 없었지만, 맑은 공기와 환경은 누가 일깨워 주지 않아도 즉각 느껴지는 것이었다. 관광객 주변에는 먹는 것이며 웃음이 넘쳐 났다. 사람들은 이 섬을 '낙원'이라고 일컫는다. 과연 이 섬의 모든 사람에게 그러한 삶이 허용되어 있는 것인지 자문해 보았다. 그래야 진정 낙원이 아니겠는가 말이다.

뉴질랜드와 오스트레일리아

두 번째 해외여행으로, 정년퇴임 후 경북대학교 평생교육원에 다니던 중 이른바 '명예 학생회'가 추진한 여행이었다. 역시 아내와 함께였다. 일정 중에 목이 붓는 등 아내의 건강에 문제가 생겨 무척 마음 졸였으나 아내는 다행히 곧 회복했다.

끝없이 펼쳐진 대지에 이따금 출현하는 촌락. 신이 베풀어 준 자연환경이라고 할 만했다. 특히 오스트레일리아는 인간이 이루어 놓은 도시의 장대한 문명과, 인간의 때가 묻지 않은 자연이 묘한 대조를 이루었다.

인간은 대자연에 대해 얼마만한 권리를 가지는 것일까? 과연 그런 권리가 존재하기나 하는 것일까? 오스트레일리아의 시드니에서는 모피 공장에 일행을 부려 놓았는데, 그 비싼 것들을 사는 이가 적지 않았다. 나라 사람들의 대부분이 IMF 구제금융 사태로 지

극히 고난스럽던 시절, 해외여행만으로도 호사(豪奢)라 할 만한데……. 그 풍경을 바라보노라니 소회가 복잡해지는 것이었다.

유럽

　바야흐로 황혼이 짙어지는데 어느 날 문득 아내가 뱉은 한마디. 더 늦기 전에 유럽이나 한번 다녀옵시다! 역시 아내답다. 싫을 까닭, 내게 없었다. 일본을 경유하는 비행기라 일본 일별(一瞥)은 덤이었다.

　제국주의 일본 치하에서 태어나 국민학교 여섯 해를 그들에게서 교육 받은 터라, 반세기도 훌쩍 뛰어넘은 시점에 그 나라를 들여다본다는 것 자체가 감개무량했다. 오사카 한 도시를 잠깐 살펴본 인상에 불과하지만, 그네들은 변함없이 깔끔하고 재빨랐으며 생기가 넘쳤다. 일본을 일컬어 섬나라, 섬나라, 하는데, 이 말은 '작다', 혹은 '뒤떨어져 있다' 같은 선입견을 주어 이 나라를 보는 눈을 어느 정도 가릴 수도 있으니 쓰지 않는 것이 좋겠다. 가이드의 말에 따르자면 일본인들의 다리가 활 모양으로 굽은 것은 옛날의 근친

혼 때문이라고 한다. 그도 그럴 것이, 일본은 유교가 지배 이념이 되었던 적이 없었으니까. 그 사람들의 다리가 과연 그런 모양을 하고 있는지 확인할 수 없었지만, 우리의 의식을 형성해 여러 가지 바람직하지 못한 현상을 낳은 유교가 그런 면에서는 참 좋은 영향을 미쳤다고 하겠다.

영국은 녹지가 인상적이었다. 런던은 일인당 녹지율(綠地率)이 세계 최고인 도시답게 곳곳이 녹지요 공원이었다. 도로가 좁아 차로 붐비지만 교통경찰이 보이지 않는다. 규칙을 잘 지키기 때문이라고 한다. 템스 강에서는 잠시 감상에 빠져 보았다.

"안개 낀 거리에서 거리로, 템스 강 부두에서 부두로, 달빛을 따라 들며 내 마음도 따라 들며, 그대는 가고 나만 홀로 추억의 눈물 젖었네, 애달픈 노래, 언제나 같이 그대와 단둘이서 불러 볼까나."

유행가 한 자락 마음으로 흥얼거리며. 영국박물관에서는 장례에 대한 전시가 유달리 마음에 들어왔다. 사람은 어디로 가는 것일까? 육체는 흙으로 돌아가고 영혼은 신의 세계로……

유럽에서 가장 큰 나라, 프랑스. 오늘의 우리처럼 인구의 고령화가 사회문제가 되고 있다고 한다. 모국어에 대한 자부가 대단하여 소수의 경우를 제외하고는 영어가 잘 통하지 않는다고 한다. 오늘날 혼란해져 가고 있는 우리말, 심지어 영어를 공용어로 하자는 주장까지 나온 우리 의식을 생각하면 본받을 점이 많다고 하겠다.

천혜의 산악 국가, 스위스. 버스로 알프스 산맥을 가로질러 '샤

모니'라는 곳으로 가는 몇 시간 동안 이어지는 포도밭이 혀를 내두르게 했다. 관광버스 운전사가 참으로 친절한 것이, 직업의식을 넘어선 인간적 풍모로 보였다. 이런 사람들이 산다면, 관광 일정에 쫓기지 않고 여유 있게 머물며 이곳저곳 마음 내키는 대로 걸어 다녀 보고 싶은 곳이었다.

찬란한 역사와 화려한 현대 문명의 이탈리아. 지방별로 도시국가를 형성하고 있었던 탓에 각 지역은 나름의 특색을 보인다. 농업·어업이 주를 이루는 남부와 공업이 발달한 북부는 경제가 현격한 차이를 보이고 있다 한다. 남부의 평야 지대를 지나노라니 농토에 나무가 많았다. 다름 아닌 올리브 나무였다. 우리와 같은 반도인데 그들의 땅은 비옥하고 인종은 강력하고 문명은 웅장하다. 그렇다고 저들은 사자이고 우리는 토끼일까? 그렇지 않을 것이다. 이탈리아는 로마 방문객만 해도 한 해에 천만 명이 넘는다니 참 '좋은 조상'을 둔 덕이 크다 하겠다. 이 점은 대부분의 서유럽 나라들의 경우에도 마찬가지이다.

그런데 함께 간 동창생 중에는 여행 내내 술을 숨겨 놓고 혼자 마시는 토끼도 있었다.

캐나다

　참으로 어려운 시절이었다. 장인께서 일찍이 유명을 달리하시고 처가의 가세가 급격히 기울자 처조부께서는 일곱 손자 중 끝에서 셋째이며 막내 손녀인, 내 셋째 처제의 중등학교 진학을 반대하셨다. 이를테면 집에서 일 돕다가 시집이나 가라는 것이었다. 나는 처가에 가서 처조부를 설득하여 처제를 읍내의 내 집으로 데려와서 중학교에 입학시켜 학업을 죽 이을 수 있게 했다.

　우리 내외는 그 처제가 결혼할 때까지 힘껏 돌봤는데, 아내는 처제의 결혼 과정에서도 시골에 계신 장모를 대신하여 예단을 비롯한 모든 절차를 봐주었다. 처제는 부유한 가정을 이루어 서울의, 그 유명한 강남 대치동에서 살다가 1992년에 캐나다 밴쿠버로 투자 이민했다. 그의 세 남매는 잘 자라 캐나다에서 대학 공부를 마치고 훌륭히 자립했는데, 맏이인 큰딸은 미국에서 교사로 근무하다가 변호사와 혼인해 미국의 엘에이에 살고 둘째인 아들은 미국의 보스턴에서 유명 직장에 다니며 막내인 작은딸은 캐나다에서 약사로 일하다가 의사 남편을 만나 미국 엘에이에 산다.

2007년은 아내의 희수(稀壽)이며 나의 희수(喜壽)인 해였다. 지나간 시절을 떠올려서인지 쉰여덟 황혼의 처제는 우리를 초청했다. 자신의 집에 오래 머물며 이것저것 구경도 하고 쉬었다 가라는 것이었다. 자연스레 아이들과 우리는 우리 내외의 두 희수 기념 여행지를 캐나다로 결정했다.

큰아이의 기획은 이랬다. 일주일간의 캐나다 횡단 여행 상품으로 캐나다를 둘러본 뒤 밴쿠버에서 귀국 비행기를 타지 않고 남아 처제의 집으로 가 머무는 것이었다. 여행사에 이 일정으로 문의한 바, 과연 가능하다는 것이었다. 처제의 뜻대로 오래 머물기는 하겠으나 그리 길지 않게, 여행사 일정을 합쳐 한 달로 했다.

6월 14일(목)-6월 20일(수) : 캐나다 횡단 단체 여행

큰아이가 준비해 준 대로 인천공항에서 일행을 만나 밴쿠버행 비행기에 올랐다. 17시 35분 발 비행기는 얼마 안 있어 일본의 니가타공항을 거쳐 태평양으로 들어섰다. 실로 오랜만의 해외여행이라 새롭다.

셋째 날, 6월 16일은 슬픈 날이었다. 밴프(Banff)에서 일행 스물아홉 명 가운데 네 명의 젊은이 그룹이 행방을 감춘 것이다. 굉장히 유쾌한 청년들로 바비큐 파티 때 내게 공손히 술을 따라 권하기도 한 이들이었다. 필시 미국 밀입국이 그들의 목적이었을 것이라고 한다. 대관절 무엇이 그 청춘들을 그런 상황으로 내몰았던 것일까? 참으로 착잡했다.

여섯째 날, 6월 19일에 나이아가라폭포 하늘 높이 뜬 쌍무지개. 황홀했다.

6월 20일(수, 맑음)

캐나다 횡단 단체 여행이 끝났다. 우리 내외는 일주일 동안 함께했던 이들과 밴쿠버 공항에서 작별했다. 그 짧은 시일에도 정이 든다. 그러므로 정들인다는 것은 무서운 일이기도 하다.

이제 처제 집에 가야 할 일. 영어를 못하니 어쩌나? 짐을 찾는 곳을 제대로 알 수 있으려나? 내심 걱정이 깊었는데, 미리 연락을 해놓았던 처제 내외가 공항에 마중 나와 있었다. 15년 만의 만남이었다. 처제의 집은 차로 한 시간 거리에 있었다. 대지 2,500평에 건평 100평, 푸르른 풀밭 한가운데에 고즈넉이 앉은 2층 나무집이었다. 방 둘에 주방, 약재 보관실(국내에서 금융 분야에 종사했던 동서는 늦은 나이에 현지에서 한의학을 공부하여 한의사로 활동하고 있다.), 차량 두 대가 들어가는 차고가 아래층을, 큰 방 다섯이 위층을 이루고 있다. 뒤편의 뜰에는 형형색색 꽃들이 흐드러지게 피어 있는 꽃밭이며 채소밭이 넓고 수영장이 갖추어져 있었다. 향수(鄕

愁)라는 문제만 없다면 최적의 노후 생활이 갖춰질 듯하다.

6월 21일(목, 맑음)

옆집의 교포가 우리를 초대했다. 맥주 몇 잔을 나누며 이국의 삶 이야기를 들었다. 동포끼리 돕지 않으면 어떻게 하겠느냐는 것이 귀결이었다.

6월 22일(금, 비)

캐나다 구경에 다시 나선다. 땅이 우리의 열세 배에 이르는, 큰 나라. 이곳의 우거진 수림은 히말라야시다(Hymalaya cedar)가 주 수종(主樹種)을 이루고 있다고 한다. 길가로 무성한 고사리가 인상적이다. 과연 신이 주신 나라라고 할 만하다. 이따금 곰이 숲을 나와 먹이를 먹는다. 차에서 내려 그 모습을 구경했다. 어느 누구도 그 생명들을 해치지 못하게 되어 있고 또, 해치지 않는다고 한다. 그 무성한 고사리 한 포기조차 캐지 못한다니 더 말해 무엇 하겠는가. 처제가 주는 아몬드가 참 맛있다.

오후에 처제 내외의 안내로 호수 구경을 나섰다가 비를 만나 구경을 미루었다. 처제네가 가구(家具) 고장 문제로 알고 지낸다는 현지인 집에 들러 가구 사용 문제 이야기를 나누고 다시 호수로 향했다. 시가지를 가로지르노라니 멀리 높은 곳에 형성된, 또 다른 시가지가 보였다. 지대가 높을수록 집값이 높아진다고 한다. 딸기,

아몬드가 길가에 무성하다. 보기 좋다. 밴쿠버 중심 하천 개발 프로젝트며 중심지 아파트 건설을 한국 기업이 맡았다고 한다. 듣기 좋다.

미국의 엘에이에 사는 처조카, 혜훈이가 왔다. 비행기로 일곱 시간 걸렸다고 한다. 미국이며 캐나다, 얼마나 큰 나라인지!

6월 23일(토, 맑음)

오전 여덟 시에 처제 내외가 산행을 떠났다. 그들이 속한 한인 등산 모임이 있는데 일주일에 한 번씩 산에 오른단다. 사고로 다친 한 회원을 동서가 침이며 뜸으로 치료해 준 바, 그 사람이 보답으로 한턱내는 자리가 산행 후에 있어 늦어진다고 한다. 우리 내외는 집에서 그리 멀지 않은 농장을 구경했다. 양에게 먹이를 주고 그 생명이 입을 오물거리는 모습을 지켜보다가 돌아왔다. 처제 내외가 돌아온 것은 저녁 여덟 시 십오 분경이었다.

6월 24일(일, 비)

처제 내외와 함께 미사에 참례하러 갔다. 성당은 차로 오십 분이나 걸리는 곳에 있었다. 한인 성당으로 꽤 크며 교우의 수는 300명쯤 된다고 한다. 돌아오는 길에, 최근에 지었다는 백화점에 들러 내가 쓸 모자를 샀다. 저녁에는 인터넷으로 한국 방송을 보았다. 저녁 아홉 시경에야 해가 진다. 열한 시경에 잠자리에 들었다.

6월 25일(월, 비)

처제 내외는 은행 볼일로 나가고 우리 내외는 집에 머물렀다. 비가 내리니 심사가 묘해진다. 저녁에는 함께 인터넷으로 한국 방송을 보았다. 내일은 미국의 시애틀에 간다고 한다. 처음 가는 미국 대륙, 설렌다.

6월 26일(화, 맑음)

날이 갰다. 아침 아홉 시 이십 분에 떠나 세 시간 걸려서 국경에 도착했다. 캐나다-미국 간 수많은 국경 중 여행자가 많이 이용하는 것은 동부의 나이아가라 국경과 서부의 밴쿠버-시애틀 간의 국경이다. 여행객이 많아 입국 심사는 40분이나 걸렸다. 시애틀을 향해 달리노라니 멀리 설산(雪山)을 배경으로 차창 밖이 온통 초원이다. 그 풀은 가축 사료로 수출된다고 한다. 드문드문 농장 건물이 눈에 띈다. 길옆으로는 노동자 무리가 보인다. 이 사람들은 대개 외국인들로 중국인들이며, 개중에는 원주민인 인디언도 있다고 한다.

6월 27일(수, 맑음)

밴쿠버에서 가장 큰 상가에서 이것저것 쇼핑했다. 태평양의 동쪽 끝이라는 곳에도 갔다.

6월 28일(목, 비)

비 내리는 아침이 우울하게 한다. 객수(客愁)일 것이다. 동서는 오늘 하루 집에서 푹 쉬라고 권하고는 시내로 나갔다. 아내는 무료하다고 성화였다. 잔디 깎는 기계 소리에 문득 잠이 깼다. 동서였다. 저녁을 먹으면서 노동에 대해 동서와 이야기를 나누었다.

6월 29일(금, 맑음)

동서의 차를 타고 가는데 차창 밖으로 외국인 노동자들이 딸기를 수확하는 게 눈에 들어왔다. 인도인, 중국인, 베트남인들이라고 한다. 그들의 노동력이 싼 까닭이다. 그리고 널리 펼쳐진 풀밭. 그 풀은 가축 사료로 수출되고 있단다.

6월 30일(토, 맑음)

동서 내외는 아침 일찍 산행을 떠났다가 왔다. 처제가 뜰에서 체리를 따는 것을 나도 거들었다. 저녁 여덟 시경에 저녁을 먹었는데, 나를 생각하여 소고기를 마련했다. 고마운 일이다. 뉴스에 따르면 캄보디아에서 비행기가 추락해 한국 관광객들이 열세 명이나 숨졌다고 한다.

7월 1일(일, 맑음)

이곳에서 두 번째로 처제 내외와 미사에 참례했다. 신부는 강론

(講論)에서 한인들의 바람직하지 못한 언행에 대해 이야기했다. 오는 길에 차이나타운에 들렀다. 시내에 있는데 굉장히 넓었다. 중국 쌀 몇 포대를 사서 싣고는 길을 물어 퀸 엘리자베스 공원(Queen Elizabeth Park)을 찾았다. 처제의 영어가 상당한 모양이다. 잘 손질된 정원이 다채롭다. 식물원은 갖은 꽃들로 찬란했다. 사진을 찍고 중국 식당으로 가서 냉면을 먹었는데 아주 좋았다. 돌아오는 길에 처제 내외는 바비큐에 쓸 물품을 샀다. 우리 내외를 위해 내일 바비큐 파티를 한다는 것이다. 진정 고마운 일이다.

7월 2일(월, 맑음)

7월 1일이 'Canada Day'로서 캐나다 연방 성립 기념일인데 일요일과 겹쳤으므로 다음 날인 오늘이 휴일이다. 오전 열 시경에 바비큐 파티를 하러 출발했다. 가는 길은 내내 울창한 숲속이었다. 이러한 천혜의 자연을 잘 보존하고 가꾸는 나라이니 '행복의 나라', '신의 나라'로 불리지 않겠는가! 바비큐 파티를 하는 장소는 호숫가였다. 잔잔한 수면처럼 고요하고 따뜻한 곳. 바비큐 시설이 백여 개 마련되어 있는데 한 가족이 하나를 사용하도록 되어 있다. 많은 사람들이 각기 마련해 온 음식으로 즐기는 모습이 다양했다. 인종, 언어, 풍습의 다양성이 바로 느껴지는 것이었다. 백인들이 옷을 벗어젖히고 일광욕에 열중하는 모습이 특히 이채롭다. 아내도 나도 참 흡족한 경험이었다.

7월 3일(화, 맑음)

날씨가 참 좋다. 점심은 베트남 음식으로 결정했다. 처음 먹어 보는 음식인데 아주 맛있다. 국수에 얹은 생 숙주나물의 향기가 그만이다. 돌아오는 길에는 기름을 샀다. 동서는 오늘이 마지막 휴일이라 집안 정리에 열중이다.

7월 4일(수, 맑음)

처제 내외는 내일 엘에이로 갈 준비가 한창이다. 큰딸, 혜훈이의 아이가 첫돌을 맞는 것이다. 금반지를 비롯해 많은 것을 마련한다. 그러면서도 처제는 나를 위해 술과 안주를 챙겨 놓았다. 텔레비전에서 미국의 독립 기념일 행사를 보았다.

7월 5일(목, 맑음)

오후 네 시, 처제 내외는 떠났다. 우리 내외가 덩그마니 남아 이 큰 집을 보자니 무섭기도 하다. 무사히 도착했다는 전화가 처제에게서 왔다. 끝까지 무사히 여행하기를 묵주기도로 기원했다. 강아지를 아내가 돌보니 녀석이 아내를 잘 따른다. 열 시가 되어도 그리 어둡지 않은 밤이다.

7월 6일(금, 맑음)

오전 다섯 시 사십 분에 해가 떠서 저녁 아홉 시 십오 분에 해가

졌다. 며칠 전에 텔레비전에서 봤던 캄보디아 비행기 추락 사고 기사가 신문에 있다. 희생자 중 KBS 기자는 한 살배기, 다섯 살배기 등 두 아이를 비롯해 가족 네 명이 모두 사망했다고 한다. 귀국을 앞두고 이런 기사를 보니 마음이 개운치 않다. 뒤뜰의 꽃밭이며 채소밭에 물을 주었다. 묵주기도를 마흔 번이나 올렸다.

7월 7일(토, 맑음)

텔레비전으로 축구 경기를 봤다. 미국과 캐나다가 겨루었는데 영 대 영으로 비겼다. 돌연 전화가 울려 깜짝 놀랐다. 귀를 기울이니 서울의 큰아이였다. 안부를 묻고 13일에 우리가 타고 돌아갈 비행기를 확인하는 것이었다. 처제 내외는 내일 돌아온다.

7월 8일(일, 맑음)

밤 한 시, 처제 내외의 외아들이자 둘째인 찬훈이가 보스턴에서 왔다. 일곱 시간 걸렸다고 한다. 어느덧 서른 살인 아이는 어릴 때와는 사뭇 달리 늠름한 장부가 되어 있다.

7월 9일(월, 맑음)

해리슨(Harrisson)에 갔다. 'HABASSO-FEATH-TAAN'이라 쓴 팻말이 눈에 띄었다. 많은 사람들이 나와서 음악을 즐기고 있었는데, 네 사람의 인도 음악가들의 연주에 흠뻑 취해 있었다. 그 자유로움이 더욱 인상적이다. 호수는 잔잔하기가 거울 같았다. 가도 가도 끝이 없는 풀밭. 우리나라의 삭막한 도시가 생각났다.

7월 10일(화, 맑음)

차를 타고 일식당으로 점심 먹으러 갔는데 휴업이었다. 다른 일식당을 찾아갔더니 또한 휴업이었다. 가는 날이 장날이라더니. 메뉴를 바꾸는 수밖에 없었다. 음식 값은 내가 지불했다.

7월 11일(수, 맑음)

모레면 귀국이다. 처제 내외와 시내로 쇼핑하러 갔다. 한 시간쯤 차를 달려 닿은 곳은 거대한 상점이었다. 이곳저곳 다니면서 물건을 사고 돌아오는 길에 냉면을 점심으로 삼았다. 우리 내외는 소고기를 비롯해 몇몇 식재료를 샀다. 정평이 난 아내의 솜씨로 처제 내외를 대접하고자.

7월 12일(목, 맑음)

마침내 여행의 마지막 날이다. 동서가 작업장에서 일하는 것을 보고 있노라니 노동이라는 것이 새삼 감명을 준다. 동서의 등 뒤에서 마음속으로 그들 내외에게 고마움을 표했다.

7월 13일(금, 맑음)

 오전 아홉 시경에 밴쿠버 공항으로 떠나니 비행기 출발 시각 한 시간 반 전이었다. 동서가 재바른 몸놀림으로 짐을 부치니 시간이 조금 남았다. 차를 나누며 그간의 일에 고마움을 전했다. 작별하는데 처제가 눈물을 보이니 아내도 운다. 바야흐로 우리 모두 황혼이다. 마음이 안됐다. 낮 열두 시 사십오 분, 비행기가 떴다. 길다면 길고 짧다면 짧은 시일에 나름으로 이 도시에 정이 들었는지 서운했다.

 열세 시간 삼십 분을 날아 인천공항에 도착했다. 짐을 찾아 밖으로 나오니 두 아들아이가 목을 빼고 기다리고 있던 참이었다. 작은아이의 차를 타고 큰아이 집으로 향하는데 밴쿠버 처제에게서 전화가 왔다. 우리는 재삼 고마움을 전했다. 참 좋은 세상이다.

제4부

황혼 단상(黃昏斷想)

어느 날 아버지께서 인근에 문상 가셨다가 오시는 길에 허물어진 묘지—사람들이 '고려장'이라고 부르던 옛 묘지 가운데 하나였다—에서 숟가락 하나가 비죽이 눈에 띄기에 수습해 오셨다. 옛날의 숟가락이라 하면 대개 크고 긴데 그것은 요즈음 것처럼 짧고 작았다. 아버지는 그것을 무심히 마루 한쪽의 나무 궤에 넣어 두셨다. 그 나무 궤는 가로 1.5미터, 세로 1.2미터, 높이 1미터 가량 되는 것으로 여러 가지 철물(鐵物)을 넣어 둔 것이었다. 그런데 그날 한밤중에 엄청난 굉음에 온 식구가 기겁하여 잠자리에서 벌떡 일어나는 일이 생겼다. 영락없이 누군가 그 육중한 궤를 높이 들어서 마루에 내꽂는 소리였다.

그리고 국민학교를 마치고 농사일을 돕던 때의 일이다. 동쪽으로 양곡 가는 길 멀리 보이는 '미륵재'에는 무덤이 많았다. 집의 마루에서도 쉬 바라보일 만큼이었다.
어느 날 아버지께서 인근에 문상 가셨다가 오시는 길에 허물어진 묘지—사람들이 '고려장'이라고 부르던 옛 묘지 가운데 하나였다—에서 숟가락 하나가 비죽이 눈에 띄기에 수습해 오셨다. 옛날의 숟가락이라 하면 대개 크고 긴데 그것은 요즈음 것처럼 짧고 작았다. 아버지는 그것을 무심히 마루 한쪽의 나무 궤에 넣어 두셨다. 그 나무 궤는 가로 1.5미터, 세로 1.2미터, 높이 1미터 가량 되는 것으로 여러 가지 철물(鐵物)을 넣어 둔 것이었다. 그런데 그날 한밤중에 엄청난 굉음에 온 식구가 기겁하여 잠자리에서 벌떡 일어나는 일이 생겼다. 영락없이 누군가 그 육중한 궤를 높이 들어서 마루에 내꽂는 소리였다. 마루로 달려 나가 보니 궤는 얌전하게 제자리에 놓여 있었다. 문을 열고 안을 살펴보아도 안의 물건들은 늘 그렇듯 여상(如常)스럽게 놓여 있었다. 그러니 고개를 갸웃거리며 다시 잠을 청하는 수밖에 없었다. 글쎄, 그것이 시작이었다.

나는 경작한다

　이제는 지금 사는 아파트 부근의 작은 산으로 운동 길 행선지를 바꾸었지만 이곳으로 오기 전에는 집에서 한 시간 남짓 걸리는 앞산(이것은 고유명사이다. 대구의 남쪽에 있어 늘 사람의 눈앞이라 하여 그리 불러온 모양이다.)을 운동 삼아 아침 일찍 오르곤 했다. 1996년 8월 26일의 정년퇴임 후 며칠 지나지 않은 9월 1일부터의 일이다.
　앞산 순환도로의 정류장에서 차를 내려 20분쯤 걸으면 '어린이 공원'. 본격적 산행은 여기서 시작된다. 소나무며 상수리가 우거진 가파른 오르막의 숲길을 30분쯤 오르면 나무 사이로 운동기구와 의자도 몇 개 놓인 쉼터가 사람을 반긴다. 그곳은 지친 육신과 영혼을 청량하게 하는 샘물도 두 군데 갖추고 있었으니, 그 이른 시간에도 늘 이삼십 명의 사람으로 붐비는 것이다. 간혹 눈에 띄는 내 또래들은 필시 은퇴자들이렷다. 내가 교사이던 시절 교장으로 한 학교에서 근무했던 이를 만나기도 했다. 나보다 아홉 해나 앞서 정년퇴임한 이로서, 이제는 석양에 함께 섰으니 무상할 따름이었다.

 농촌에서 나고 자란 나는 늘 경작에 목말랐는데 문득 이 산에서 안성맞춤인 곳을 발견했다. 집에서 지하철역까지 걸어서 10분, 지하철을 타고 가고 지하철을 내려 다시 걷는 시간이 50분. 무리하게 걷지 않아도 되고 오르는 길이 잘 나 있는, 그리 높고 깊지 않은 산속에다 울창한 숲이 에워싸고 있으니 아늑하여 더할 나위 없었다. 넓이가 세 평쯤 되니 황혼의 노동에 무리가 없을 것이었다. 아래로 비스듬히 펼쳐지는 평지에 잣나무가 빽빽하니 풍광 또한 일품이었다.

 4월의 어느 날 괭이를 사서 올라 땅을 고르기 시작했다. 누구인지 모를 이가 나처럼 밭을 일구려 했던 흔적이 드러났다. 사람의 노동이 닿았던 땅인데도 다 고르는 데 사흘이나 걸렸다. 나흘째 되는 날 잡초를 다 걷어내고 씨 뿌릴 이랑을 지으니 밭의 형태가 갖추어졌다. 거기에 호박이며 고추, 토란 같은 것을 길렀다. 누군가 이처럼 경작하는 땅을 인근에서 세 곳이나 더 발견했다.

 이곳에 오르면 먼저 체조와 심호흡으로 심신을 가다듬는다. 특히 심호흡은 시간을 점점 늘려서 30분쯤 계속하는데, 그러노라면 가슴에 괴어 있던 것이 다 사라져 버리는 느낌이었다. 그리고 밭

일에 들어가는 것이다. 주변에는 산딸기도 많이 열려 있어 땀 흘린 육신에 작은 즐거움을 주기도 했다. 지저귀는 산새들과, 이따금 날아올라 사람을 놀래는 꿩은 덤이었다. 가벼워진 심신으로 돌아오면 세 시간쯤이 흘러 있었다. 나는 이렇게 건강도 아울러 경작했다.

건강 만세

아내는 부지런한 사람이다. 그러한 근면이 그 숱한 질곡의 세월을 헤쳐 나와 오늘의 평화를 있게 한 동력이다. 칠십 중반에 이른 지금도 일을 손에서 놓지 못하는 성격이고 보면 태생(胎生)의 기질이라 하겠다. 고추, 깨 등의 양념이며 김치나 장아찌 같은 밑반찬, 과실 액, 과실주 등을 마련해서 아이들에게 보내는 것이다. 그렇게 무리를 범해서 간혹 몸살로 누우면서도 그것을 버리지 못한다. 그럴 때마다 아이들의 성화가 심해지고 아내는 "이젠 그러지 않으마." 약속하지만 그것을 곧이들을 정도로 미련한 아이는 없다. 그렇게 몸이 아플 때를 빼고는 집에 무료히 머물지 않는다. 학교에 나가거나 친구들과 어울리거나 게이트볼을 하는 것이다. 그러니 나 홀로 덩그마니 집에 머무는 일이 흔하다. 그러나 나는 진정 불만하지 않다. 그 모든 것이 아내의 건강의 선물이므로.

사실 아내는 육십 대 초반에 퇴행성관절염의 조짐을 보았다. 그러나 무릎관절 주위의 근육을 강화하여 치료해야 한다는 처방대로 수중 운동 등을 병행하며 열심히 규칙적으로 운동했다. 지성이면 감천, 기적처럼 증상이 사라졌다.

산을 높이 오르지 못하게 하는 것은 차오르는 숨이지 무릎이 아니다. 겨울만 아니면 절친한 벗과 함께 밥을 싸 들고 교외의 산으로 들로 내닫기도 한다. 소박한 유흥이며 운동이며 취미 생활이라고 하겠다. 그리하여 두릅, 쑥, 달래, 냉이, 씀바귀, 고들빼기…… 그 싱싱한 야생들이 찬으로 오르기도 하고 내가 좋아하는 떡(아내는 나를 '떡보'라고 한다.)이 되기도 한다. 매실, 더덕, 산수유, 오디, 산복숭아, 산머루, 능금…… 약술이 되어 장(欌)을 채운다. 끼니마다 나는 이 술을 복용(!)한다. 기껏 두어 잔이니 술에 취하지는 않지만 나를 평생 지켜 준 그 살뜰한 사랑에 취한다.

아내의 건강이 내 건강이 된다. 기꺼움은 덤이고.

황혼의 성묘

해마다 한식 무렵이나 추석 무렵이면 아내와 함께 성묘를 나선다. 버스나 기차로 영주에 가서 시내버스를 갈아타고 봉화로 가는 행로이다.

갈 때마다 영주는 새롭다. 이제는 마흔 해도 더 된, 내가 영주중부국민학교에 근무하며 살던 시절의 모습은 온데간데없으니, 이 숨 막히게 변하는 세상에 당연하다 싶으면서도 등 뒤의 세월이 가슴에 서늘한 것이다. 영주에는 이제 집안의 맨 위가 되신 구순(九旬)의 종형과 홀몸의 둘째 형수, 시골 학교의 교장인 장조카가 있다.

이어 봉화에서 재산행 버스에 올라 반 시간쯤 가면 봉성에 닿는다. 사람들도 바뀌고 집들도 달라졌지만 어린 시절의 벗, 이정상이 농사를 지으며 고이 늙어 가고 있다. 그는 늘 우리 손에 자신의 소출을 무엇이라도 쥐어 주려 하는 사람이다.

  아버지, 어머니, 둘째 형님이 잠들어 계신 곳으로 올라가는 길. 예전에 있던 샘은 자취조차 찾을 길 없다. 다만 그 위쪽, 바위가 팬 곳은 지금도 알아볼 수 있다. 어릴 적에 감자를 씻거나 물장난을 하던 곳이다. 산소 주변에 자란 푸나무를 정돈하고는, 준비해 간 도시락을 둘이 나누어 먹는다. 곤궁한 집에서 식솔들 챙기랴 신접살림 꾸리랴 분투하던 두 청춘이 노년이 되어, 분주히 오가던 그 청춘의 공간을 내려다보며. 그 시절이 하마 손에 잡힐 듯하다.

  다시 영주로 나와 문수로 향한다. 이번에는 택시를 이용해야 한다. 버스를 타고 내려 다시 산길을 걷는 것을 이제 감당할 수 없는 나이에 이른 것이다. 처부모님의 산소를 찾아뵙고 나면 이 연례 여행은 끝나고 먹먹한 가슴만 남는다.

  몇 해 전부터 큰아이가 이 행로에 동행하겠다는 뜻을 보여 왔지만 여러 가지가 맞지 않아 아직 이루지 못했다. 아이는 요즈음 부쩍 양가 조부모 생각이 많이 난다고 한다. 할아버지들이야 저 어릴 적에 돌아가셨으니 기억조차 없다지만, 저 자라고 난 뒤에 돌아가신 할머니들에게 잘하지 못했다며 가슴 아파한다. 아이는 명절이면 저가 다니는 성당에서 이 어른들의 위령 미사를 올린다고 한다. 내가 '아이'라고 하지만 저도 오십 대 중반의 초로(!)이고 보면, 아무렴, 세월만큼 위대한 스승이 어디 있겠는가.

사우(思友), 한 두메 한 학교

내가 나고 자란 두메의 봉성국민학교 동창들의 연락이 닿아 만났다. 내가 예순일곱, 나처럼 교직에 복무했던 김병섭 씨가 예순여덟, 안동농림고등학교를 졸업하고 군에 투신하여 소령으로 전역한 유득연 씨가 예순아홉, 인도네시아에서 벌목 사업을 하고 있던 이강한 씨(앞에서 이야기하였듯이, 이 사람의 선친이 바로 아버지의 벗이었던 이기완 씨로서 나를 사범학교에 진학시키도록 아버지를 설득하신 분이다.)가 예순여섯, 경찰에 종사했던 정병국 씨가 예순아홉, 교통 관련 사업을 꾸려 왔던 유춘우 씨가 예순아홉, 서울에서 기업에 종사한 이규진 씨가 예순여덟, 어떤 직업에 종사했는지 기억이 나지 않는 이후경 씨가 예순아홉, 역시 교편을 잡았던 안이홍 씨가 예순아홉, 사업가 김학래 씨가 예순아홉, 종교인 권기옥 씨가 예순여덟으로, 모두 열한 명이었다. 1996년, 실로 반

세기를 훌쩍 넘긴 노을 길이었다.

그 두메 출신들이 제각기 세상으로 나가 나름으로 헤쳐 나온 삶. 굳이 말을 하지 않아도 그 홍진(紅塵) 속의 간난(艱難)을, 그 만장(萬丈)했을 파란(波瀾)을 우리가 어이 짐작하지 못하겠는가. 머리에 내린 서리와 얼굴의 깊은 강이 모든 것을 웅변해 주고 있지 않은가 말이다. 서로의 길흉사를 돌보며 늦게나마 친목을 도모하자는 데에 의견이 모아진 것은 실로 자연스러운 일이었다. 첫해의 울릉도 여행을 시작으로 우리는 해마다 한 번씩 만나고 있다.

살아 있는 모든 존재는 하늘의 별과 같을 것이다. 신의 섭리가 마련해 준 나름의 궤도를 여행하다가 만나고 헤어진다. 그러한 가운데 삶의 도처에서 피치 못하게 맞닥뜨리게 되는 악연들을 생각하면, 늦은 재회였지만 끊어지지 않고 이어진 우리의 인연은 참으로 소중하다 하겠다. 그사이 이강한 씨, 정병국 씨, 유춘우 씨, 이후경 씨, 네 분이 타계했다. 남은 우리는 어언 팔순을 넘어섰다. 모두 평화와 건강 속에 부디 머물기를 기도한다.

기담(奇談) 하나
―호소하는 숟가락

　몇 학년 때의 일이었는지는 정확히 기억나지 않지만 국민학교 시절의 일이다. 아직 오이를 갈지 않았던 때로 3월경이었을 것이다. 집의 방앗간이 있던 빈터에 오이를 심으려고 땅을 쪼아 두었는데, 문득 작은 흙더미 속에서 상자와 흡사한 것을 발견했다. 크기는 성냥갑만 하고 겉은 온통 흙이 덕지덕지한데, 호미로 톡톡 쳐 보니 금속임이 분명했다. 물에 씻어 보니 양쪽으로 문 같은 것이 닫혀 있는 듯하여 열어 본 즉 반짝반짝 빛나는 불상이 그 안에 안치되어 있었다. 녹슬지 않고 빛났던 것으로 보아 필시 금이었을 터이다. 한동안 그것을 방에 모셔 두었는데 어느 날 둘째 형이 인근의 춘양 장에 가지고 나가 돈으로 바꾸고 말았다. 얼마의 돈이었고 어려운 살림에 얼마나 덕이 되었는지는 모르겠으나, 어두운 시절이니 몇 푼이나 받았겠는가. 내가 나고 자란 그 동네는 어른들의 이야기에 따르면 군아(郡衙)가 있던 곳이라 일상에서 그런 유물이 수습되었던가 보다, 나는 여기고 있다.

그리고 국민학교를 마치고 농사일을 돕던 때의 일이다.

동쪽으로 양곡 가는 길 멀리 보이는 '미륵재'에는 무덤이 많았다. 집의 마루에서도 쉬 바라보일 만큼이었다. 어느 날 아버지께서 인근에 문상 가셨다가 오시는 길에 허물어진 묘지—사람들이 '고려장'이라고 부르던 옛 묘지 가운데 하나였다—에서 숟가락 하나가 비죽이 눈에 띄기에 수습해 오셨다. 옛날의 숟가락이라 하면 대개 크고 긴데 그것은 요즈음 것처럼 짧고 작았다. 아버지는 그것을 무심히 마루 한쪽의 나무 궤에 넣어 두셨다. 그 나무 궤는 가로 1.5미터, 세로 1.2미터, 높이 1미터 가량 되는 것으로 여러 가지 철물(鐵物)을 넣어 둔 것이었다. 그런데 그날 한밤중에 엄청난 굉음에 온 식구가 기겁하여 잠자리에서 벌떡 일어나는 일이 생겼다. 영락없이 누군가 그 육중한 궤를 높이 들어서 마루에 내꽂는 소리였다. 마루로 달려 나가 보니 궤는 얌전하게 제자리에 놓여 있었다. 문을 열고 안을 살펴보아도 안의 물건들은 늘 그렇듯 여상(如常)스럽게 놓여 있었다. 그러니 고개를 갸웃거리며 다시 잠을 청하는 수밖에 없었다. 글쎄, 그것이 시작이었다. 그 뒤로 밤마다 같은 일이 생기는 것이다. 아버지는 그 숟가락 때문이라 판단하시고 종내 그것을 제자리에 가져다 묻으셨다. 미상불 그 뒤로는 그 괴이한 현상 때문에 온 가족이 한밤중에 잠을 깨는 일은 없었다.

제5부

나를 기다리고 계신 그분께
내 뺨을 기대니

　나의 정년퇴임 전부터 천주교 입교를 권해 온 큰아이 내외는 퇴임 후 내게 시간 여유가 많아지자 더욱 적극적이 되었다. 퇴임 한 해 뒤 마침내 내 마음이 움직였다. 1997년 인근의 대명동성당에 교리를 배우러 나가기 시작해서 한 해 뒤인 1998년 9월 20일, '요한'이라는 세례명으로 새로이 태어난 것이다. 세례는 물을 세 번 부어 이루어진다. 물은 죽음을 뜻한다. 이제까지의 나는 죽고 새로운 나가 태어났다.

나의 정년퇴임 전부터 천주교 입교를 권해 온 큰아이 내외는 퇴임 후 내게 시간 여유가 많아지자 더욱 적극적이 되었다. 퇴임 한 해 뒤 마침내 내 마음이 움직였다. 1997년 인근의 대명동성당에 교리를 배우러 나가기 시작해서 한 해 뒤인 1998년 9월 20일, '요한'이라는 세례명으로 새로이 태어난 것이다. 세례는 물을 세 번 부어 이루어진다. 물은 죽음을 뜻한다. 이제까지의 나는 죽고 새로운 나가 태어났다. 새로운 삶이니 마땅히 새 이름이 있어야 하리라. '요한'은, 그러하였다고 성경에 명시되어 있지는 않지만, 예수 스승께서 각별히 사랑하셨던 듯한 제자이다. 나의 영세(領洗)에는 어떤 사건이나 깨달음 같은, 명료한 계기가 있었던 것도 아니었다. 심령이 고요히 움직였을 뿐. 내친김에 그 한 해 뒤인 1999년 9월 24일 견진(堅振)세례까지 나아갔다.

기적의 사고, 사고의 기적

　삶의 숱한 질곡을 통과하노라니 어느덧 가슴이 안온하게 놓여나고 눈초리가 뭉긋해지는 것이었다. 아름다움은 눈에 고운 것이 아니었다. 반짝이는 것만이 아름답지는 않았다. 풀잎 끝에 섭리가 비치고 있었고 항간(巷間)에서 진리가 읽혔다. 예사롭고 여상스러운 하나하나에 삶의 비의(秘意)가 서려 있었다. 그 모든 것에 대한 감수성, 문득문득 멈추어 서서 펼치는 사유 역량이 각자의 생애를 갈라놓는다. 느끼는 만큼 널러지고 생각하는 만큼 깊어지는 것이다. 미상불……. 사람이 세상의 이치를 안 채 태어나, 살며 잃어 가다가, 생의 뒷 반나절에야 하나하나 수습하는 중에 일몰에 이르는 것인가.
　우리 가족 모두, 생각노라면 한결같이 숙연해지는 사건이 있다. 바야흐로 이 부분은 그 일을 몸소 겪은 큰아이의 입을 빌리려 한다. 당사자만큼 생생하게 이야기할 수는 없을 터인 데다가, 아이가 어디다 써 둔 게 마침 있다고 하니.

 마흔셋의 겨울 아침에 아버지는 쓰러졌다. 오늘같이 밝은 세상에서야 건강염려증이라는 질환이 생길 정도로 건강에 대한 관심과 건강 정보라는 것이 넘쳐 나지만 일 년 가야 혈압 한 번 잴 기회가 없던 시절이었다. 고혈압, 속칭 중풍이었다. 서른여섯, 꽃의 어머니와, 핥아 주어야 할 날이 아직 한참인 우리 네 남매가 올망졸망했다. 아버지는 일어났다. 의식이 없던 아버지를 사흘 만에 자리에서 일으킨 것은, 무의식 속에서도 떠올랐을, 가장이라는 책무와, 자욱한 슬픔이었을 것이다. 이제는 우리 차례였다. 우리 모두는 아버지의 회복을 위해 매달렸다. 그리고 여섯 달 뒤 아버지는 아직은 개운하지 못한 몸으로 교단에 복귀했다. 주변 사람들은 기적이라고 한다. 그러나 정성이 끝에 이르면 하늘도 마음이 움직인다는 이치를 그들은 모른다.

 그 뒤로도 몇 년 동안 전투는 지속되었다. 비싼 한약 값이며 식솔의 호구에 전세방 두 칸의 경제는 피폐해져 갔다. 개운치 않은 건강에 자취 생활로 시골 학교 근무를 이어 가는 아버지도 지쳐 가고 그 모든 것을 한 몸으로 이끌고 가던 어머니도 극도로 쇠약해져 갔다. 고생이 많제? 어린 손자들이 안쓰러워 외조모는 국민학교 학생이던 큰 여동생의 볼을 쓸어 주었다. 할매, 우리는 이게 사는 건가 보다 하고 살아요. 어린 손녀의 대답에 외조모는 눈물을 쏟았다. 그 어린것이 어쩌면……. 훗날 그 이야기를 회상할 때마다 외조모는 눈물을 보였다.

모든 것에는 끝이 있다. 그리고 살아 있는 것은 스스로 소멸하는 신비를 지니고 있다. 삶도 그랬다. 그 또한 살아 있는 것이니까. 우리 남매가 대학을 졸업하고 남에게 빌어먹거나 남을 등치지 않을 만큼 자립하면서 그 어둡고 냉습한 터널은 끝을 보였다. 아버지 어머니에게는 이제 평화로이 늙는 일만 남아 있었다. 그리고 몇 년 뒤 아버지는 교직 생활의 끝에 이르렀다. 정년퇴임. 구절양장과 신산(辛酸)의 마흔한 해였다.

우리 사 남매 내외는 비둘기처럼 머리를 맞댔다. 마지막으로 봉직한 학교의 교사들을 초대해 점심을 베푸는 것으로 퇴임 잔치를 마련하기로 했다. 그러자면 주말에는 아버지 어머니에게 내려가야 했으므로 열차 승차권을 미리 사 두어야 했다. 결혼에 늦다 보니 내 두 아이는 네 살, 세 살. 아끼는 만큼 빨리 집 마련하지, 아이들일랑 내내 무릎에 안고 갈 요량이어서 승차권은 두 장이면 족했다.

퇴임식을 며칠 앞둔 날이었다. 잠을 자는 겨를에 어찌 그런 일이 있을 수 있으랴 싶은 일이지만, 나는 찌르는 듯한 자각에 소스라쳐 일어났다. 곁의 아내도 잠을 깼다. 이른 새벽이었다.

"내가 이렇게 살아서는 안 되는데."

"……?"

직장 생활을 시작하면서 한 번도 빠뜨리지 않고 십 년 남짓 해 오던 복지단체 후원을 내가 그만두고 있는 것이 어언 일 년은 넘었을 거라는 자각이었다. 그쪽에서도 포기하기로 한 양, 지로 용지도 어느덧 끊어져 있던 터였다.

"게을러서 그렇지, 뭐."

늘 아내는 직선적이다. 그러나 뭐라고 대꾸하겠는가, 사실이 그런 걸.

"내일 당장 거기 전화해서 지로 용지 보내 달라고 해요."

아내는 다독여 잠을 재울 태세였다. 마음이 아파 의식은 더욱 또렷해졌다. 내가 착한 사람이라고 꾸미려는 게 아니다. 밤이니 분명 감상(感傷)이 과장되기도 했을 것이라는 얘기다.

"어허, 그렇게 마음 안됐으면 후원금을 올리면 되잖아."

늘 아내는 명쾌하다. 마음 아파하는 내가 영 거짓되어 보이지는 않았다는 것이겠지.

그렇게 우리의 이야기는 시작되어 두런두런 이어졌다. 사랑이란 궁극적으로 이기(利己)이게 마련인가? 또 그놈의, 실천 없는 사변(思辨)!, 일상적 실천이 중요한 거야. 이렇게 사는 게 재미있어? 그럼 삶이라는 것의 의미를 어디 둘 건데? 한밤의 느닷없는 고담준론(高談峻論)은 종내 실존의 밑바닥으로 내려왔다. 우리가 나누던 대부분의 이야기처럼, 옆에서 쌔근쌔근 잠들어 있는 두 아이에 가 닿고야 말았던 것이다.

"어떤 길로 끌어 줄까?"

"끌어 주되 개입하지는 말자고."

"가다 보면 후회야 어차피 남을 거……."

아이들은 젖먹이 때 가톨릭 세례를 받았다. 세례명으로, 큰아이에게는 늘 하느님의 뜻을 숙고하며 따른 구약성경의 인물 이름이, 작은아이에게는 '어질다'는 뜻의 성인 이름이 주어졌다.

내 '가지 않은 길'의 투사(投射)였을까?

"저희들이 사제(司祭)의 길로 가겠다면 우리, 말리지는 말자."

"아니, 적극 도와줘야지."

우리는 손가락을 거는 대신 악수를 나누었다. 그래, 후회는 숙명 아니겠는가. 나는 노란 숲 속에 난 두 갈래 길을 생각했다. 우리의 아이들 또한 두 길을 다 가지 못하는 것을 안타까워하면서 한 길을 선택할 것이다. 풀이 더 있고 사람이 걸은 자취가 적어 아마 더 걸어야 될 길이라고 생각되는 쪽을 택할 것이며 그리하여 모든 것이 달라질 것이다. 가지 않은 길에 대한 아쉬움이 사무칠 때도 있을 것이다. 어차피 두 길을 다 걸어 볼 수는 없는 것. 그러나 자신이 선택한 길조차, 온 힘을 다하지 못한 걸음으로 후회를 남긴다면? 프로스트(Robert Frost)의 절창(絕唱)은, 나이를 먹을수록 새삼스러웠다.

이윽고 아버지의 퇴임식에 내려가기 전날, 금요일이었다.

"형, 이거 어쩌지?"

바로 아래인 남동생의 전화였다.

"내 차에 문제가 생겨서 내일 못 몰고 가겠는데?"

그걸 믿고 열차 승차권을 사 두지 않았다니 큰일이었다. 그러나 내게도 차가 있었다. 아니, 아내에게도 차가 있었다. 나는 동생 부부에게 열차 승차권을 넘기기로 했다.

운전면허는 고사하고 운전할 뜻조차 없는 인간을 아비로 둔 아이들은 젖먹이 때 한밤중에 몸이 펄펄 끓어도 큰길까지 업혀 나가서 잘 오지도 않는 택시를 기다릴 수밖에 없었다. 그렇게 찬 공기를 쐰 덕분에, 병원 응급실에 도착하면 열이 내려 있기도 했지만. 갑갑해진 아내는 장인어른에게 아이들을 맡겨 놓고 운전을 배우기 시작했다. 집도 없이 무슨 차?, 나는 심드렁했다. 그러던 어느 날 퇴근해 현관을 들어서는 내 코앞에 아내가 뭔가를 흔들어 댔다. 한 번 만에 땄지!, 아내는 의기양양해했다. 게다가 1종 면허증이었다. 이제 운전해서 나 먹여 살리면 되겠네?, 나는 퉁명으로 내 무안(無顔)을 애써 위장했다. 때마침 외국 근무 발령을 받은 친구가 있어 우리는 그 차를 싼 값에 받았다. 접촉 사고 한 번 안 낸 것이니 잘 타라구. 더욱 고마운 일이었다. 아내는 성당 마당으로 차를 몰고 갔다. 신부는 성수를 뿌리며 차를 축복해 주었다. 그것이 한 달, 우리는 바야흐로 고속도로에 나설 것이었다. 어차피 고속도로 주행은 해 봐야 하는 거니까……앞차에 막혀 갑갑하더라도 절대 차선을 바꿔 추월하지 말고 그냥 참고 쭈욱 가라구. 그러면 문제없을 거야. 주위의 격려도 있는 터였다.

"자, 이제 거의 다 왔다. 한 시간쯤만 더 가면 돼."

나는 아내의 어깨며 목을 주물러 주었다. 고속도로 첫길에 서울에서 추풍령까지 무사히 왔으니 장하지 않은가. 휴게소에서 잠시 쉬었다가 막 떠나는 참이었다. 해거름 전까지는 도착하고도 남을 시간이었다.

"그러니까 노래도 빠른 걸로 바꾸자구요, 안 졸리게."

아내는 그때까지 듣고 오던 성가 테이프를 동요 테이프로 바꾸었다. 뒷자리의 양쪽에 두 아이를 각각 앉혀 그림책을 손에 들려 주고 나는 가운데에서 비스듬히 운전석 앞 뒷거울을 아내 모르게 응시하고 있었다. 아내가 졸아서도 안 되는 일이지만, 운전면허도 없는 것한테 감시받고 있다는 것을 아내가 알아서도 좋은 일 없겠다 싶어서였다.

그런데 이상한 일이었다. 고개를 돌려 아이들을 내려다보는데 큰아이의 섬세한 목덜미가 그렇게 애처로워 보일 수가 없는 것이다. 도무지 이

해가 가지 않는 일이라 한참을 생각다가 내 감상벽 탓이려니 하며 시선을 거두어 고개를 드는데 웬걸, 앞창으로 무언가 확 달려들고 있는 것이 아닌가! 중앙분리대였다!

"왜 이래?!"

단말마적 비명을 지르면서 나는 보았다, 아내가 급히 핸들을 꺾는 것까지는. 그리고는 적막이었다.

아, 이렇게 끝나는 것이구나. 내 삶이 아니려니, 그래서 내 죽음 또한 아니려니 했던 것이 내 것이었구나. 살아온 날들이 눈앞에서 섬광처럼 명멸해 갔다. 그동안 내가 참아 왔던 모든 것이 억울했다. 이런 것을, 결국 이렇게 끝나고 마는 것을. 슬펐다. 비통하다는 말은 바로 그런 느낌을 이르는 말일 터였다. 안녕. 내가 스르르 눈 감는 사이에 모든 것이 끝났으면 하는 마음이 간절했다. 순간 눈앞에 영상이 펼쳐졌다. 아비 어미를 잃은 우리 아이들, 아이들을 잃은 우리 부부, 그리고……. 각각의 상황이 선연했다. 어떻든 아이들은 살아야 한다, 살려야 한다. 아이들을 안자!

"들려요? 괜찮으면 빨리 빠져나와요!"

쾅쾅 차를 두드리는 소리가 꿈결인 듯했는데 문득 사위(四圍)가 분별되기 시작했다.

"불난다니까? 어서!"

밖에서 사람들 소리가 시끄러웠다. 그래, 영화 보니까 불나더라! 고요했던 가슴이 방망이질하기 시작했다. 아이들은? 양쪽을 살피니 두 아이 모두 말짱한 얼굴에 동그래진 눈으로 미동도 없이 앉아 있었다. 안도. 그렇다면……? 혼자 위쪽에 거꾸로 매달린 아내가 눈에 들어왔다.

"괜찮아?"

"어……"

"벨트 풀어, 얼른!"

이내 아내가 툭 떨어졌다. 그리고 나는 웃었다. 아내를 보고 웃은 게 아니다. 여전히 아이들 몸을 꽉 껴안은 채인 내 두 팔과, 세상에!, 떨어지지도 비뚤어지지도 않고 온전히 내 얼굴에 걸려 있는 안경을 인지했기 때문이었다. 차는 완전히 뒤집혀 있는데 이거……. 자꾸 웃음이 나왔다.

"문이 안 열리니까 창으로 나와요! 유리 조심하고!"

작은아이, 큰아이, 아내 순으로 내보내고서야 나는 앞창으로 기어 나왔다. 끝까지 가장의 역할에 충실해야 하는 것이다. 주위에 사람들이 모여 있었고 뒤집힌 차 뒤로 차들이 그 끝을 알 수 없을 정도로 죽 밀려 서 있었다. 미안하고 창피했지만 재삼 가족들을 챙겼다. 아내만이 상처를 입었다. 충돌 순간에 생겼을 이마의 혹은 그리 심각해 보이지 않았다. 기어 나오다 생겼을 무릎의 출혈 또한 유리 조각을 털고 보니 금방 멈출 듯했다. 정말 천행이에요! 아내의 손을 잡아 주거나 아이들을 쓰다듬어 주는 사람도 있었다. 어느새 견인차와 경찰차에 구급차까지 도착했다.

"중앙분리대 위에 저 쓰러진 거 보이시죠?"

경찰관의 손끝을 따라가니, 콘크리트 구조물 위에 박혀 죽 이어진, 그물같이 생긴 것이 미상불 떨어져 나간 부분이었다. 자칫 반대편 차선으로 추락할 수도 있었단 말인가?

"사실 저걸 변상하셔야 되는데 참 기가 막히게도 무사하시니까 저희도 그냥 넘어가겠습니다. 병원 가서 치료나 잘 받으십시오."

아량에다 거수경례까지 얹어 주고 그들은 떠났다. 인근 고장의 병원에 가게 되면 다친 것도 변변찮은 터에 거기서 집에 갈 일이 새삼스러워질 게 분명해 구급차는 극구 사양했다. 우리에게 삽시(霎時)의 지옥을 선사했던 차는 앞이 들린 채 사라졌다. 차의 몰골을 보는 사람마다 피비린내를 떠올리고 몸서리칠 것이었다. 그리고 우리는, 자신의 집이 대구라며 기꺼이 우리를 집까지 데려다 주겠다는, 젊은 남자의 차에 몸을 실었다. 마침 그는 우리 바로 뒤를 따라온 사람이었다.

"정말 운 좋으셨어요. 저도 그렇고. 사고 나기 전까지는 차가 촘촘했는데 말입니다."

사고 무렵에 차가 성기어지더라는 것이다.

"갑자기 차선을 바꿔 들어가길래, 어, 어, 하는데 그냥 비스듬히 분리대를 받으면서 붕 뜨더니……."

남자는 아내를 보고 웃었다.

"순간이더라고요."

아내는 눈물을 흘렸지만 나는 웃었다.

쓸데없는 일로 자식들 잡을 뻔했다고 어머니는 가슴을 뜯었다. 아버지는 참으로 감사한 일이라고 눈물을 보였다. 내가 준 열차 승차권으로 미리 도착해 있던 동생 부부는 안도감으로 혀를 빼물고는 입을 다물지 못했다. 아내는 모든 게 자신의 불찰이라고 연신 눈물을 흘렸다. 따지고 보면 아내에게 운전을 하게 만든 남편, 그 모든 것의 원흉인 나는 헐헐 웃으면서 장공끽주이공취(張公喫酒李公醉), 장 씨가 술을 마시니 이 씨가 취한다고, 다 아버지 어머니가 일생 남한테 모진 일 안 하고 두루 베풀며 살아

온 공덕 아니겠느냐고 상황을 정리하면서 뻔뻔스레 내 불출(不出)을 묻어 버렸다. 퇴임 잔치는 우리의 사고 이야기와 교사들의 탄성 일색이 되어 정작 주인공인 아버지의 이야기는 뒤로 밀리고 말았다. 당연히 아버지는 섭섭해하지 않았다.

그런데 폐차를 해야겠는데 차가 어디에 가 있는지 알 수가 없었다. 사고 지역 관할 경찰서에 전화했더니 사건 기록이 없다는 것 아닌가. 아니, 현장에 다녀가셨는데 기록이 없다고요? 이것 보세요, 선생님. 인명 피해가 없었으니 사건이라고 할 수 있겠습니까? 사고…… 뭐, 사건은 아니라고…… 할 수 있겠죠. 예, 그렇지요? 그러니까 기록이 없을 수밖에요.

그리고 서울로 돌아온 그 다음 주였다.

"너, 별일 없니?"

민승이라는, 아내의 친구에게서 전화가 왔다.

"그럼."

아내는 말하고 싶지 않았다. 좋은 일도 아닌 터에 뭘 떠벌리랴.

"아니면 다행이고."

상대의 반응이 이러니 아내가 궁금해질 차례였다.

"아니라니, 뭐가?"

"너, 교통사고 나지 않았나 걱정돼서."

"어떻게 알았어?!"

어찌 실토하지 않을 수 있겠는가.

"맞아? 사고 났어?"

"그래!"

"괜찮아?"

"괜찮으니까 이렇게 전화 받지."

"아이고, 애……!"

"어떻게 알았냐니까?"

"기도하는데 보이더라구. 늬네 가족이 탄 차가 뒤집어지는 거야!"

"세상에!"

"며칠 동안 늬네 집에 전화도 안 되지…… 이거 정말 무슨 일 난 거 아냐?, 싶더라니까! 얘기 좀 해 봐. 어떻게 된 거야?"

어이 살리셨습니까? 저희 부부와, 저희에게 맡기신 두 아이가 해야 할 일이 있다는 말씀이겠지요. 그렇다면 저희에게 무엇을 원하십니까? 아닙니다. 온전히 살아 내다 보면 깨닫게 되겠지요.

늘 나는 화두를 물고 있다. 어디 헐헐 웃기만 하는 줄 아는가?

이 이야기에 나오는 큰손자는 자라면서 제 삶의 지향을 가톨릭 사제에 두게 되어, 그 사고로부터 열여섯 해 뒤인 올해, 사제가 되고자 가톨릭대 신학대학에 입학했다. 그 모든 것이 어찌 우연이라 하겠는가!

대문자로 새로이 연 삶
―예수 스승께 문을 열어 드리다

　내 두 여동생들은 어린 시절 일찍이 개신교에 입교하여 오늘에 이르고 있지만 나는 종교와는 그리 가깝지 않았다. 다만, 쓰러졌다가 몸을 추스르고 생업을 이어 나갈 때 문득 동료 교사의 권유로 범신론적(汎神論的) 종교 같기도 하고 다원론적(多元論的) 종교 같기도 한 모임에 한동안 기운 적이 있다. 쇠약해진 영육(靈肉)은 이렇듯 위태로우니, 우리가 건강을 유지해야 할 큰 까닭이 여기에 있다고 하겠다. 아내 또한 연례행사 정도로 절을 방문할 뿐인 '무늬만' 불교도였다.
　가족 중에 종교 생활을 맨 먼저 시작한 것은 작은아들이었다. 대학교 이 학년 때에 성당에서 천주교 교리를 배우기 시작했는데 그만 학교 시험이 겹쳐 세례를 연기했다가 오늘에 이르고 있다. 그리고는 큰아이였다. 누구의 권유 같은 것이 있었던 것도 아니고, 어느 날 문득 무언가에 이끌린 듯 몸을 일으켜 성당을 향해서는 교리 과정을 마치고 세례를 받으니 1983년 부활절이었다. 그리고 몇 해 뒤, 오라비의 권유를 받은 작은딸아이가 세례를 받았다.

 나의 정년퇴임 전부터 천주교 입교를 권해 온 큰아이 내외는 퇴임 후 내게 시간 여유가 많아지자 더욱 적극적이 되었다. 퇴임 한 해 뒤 마침내 내 마음이 움직였다. 1997년 인근의 대명동성당에 교리를 배우러 나가기 시작해서 한 해 뒤인 1998년 9월 20일, '요한'이라는 세례명으로 새로이 태어난 것이다. 세례는 물을 세 번 부어 이루어진다. 물은 죽음을 뜻한다. 이제까지의 나는 죽고 새로운 나가 태어났다. 새로운 삶이니 마땅히 새 이름이 있어야 하리라. '요한'은, 그러하였다고 성경에 명시되어 있지는 않지만, 예수 스승께서 각별히 사랑하셨던 듯한 제자이다. 나의 영세(領洗)에는 어떤 사건이나 깨달음 같은, 명료한 계기가 있었던 것도 아니었다. 심령이 고요히 움직였을 뿐. 내친김에 그 한 해 뒤인 1999년 9월 24일 견진(堅振)세례까지 나아갔다.

 세례를 받고 신앙생활을 하다 보니 아내와 함께하지 못하는 것이 참으로 아쉬웠다. 큰아이의 협박(!)에도 아내는 아랑곳하지 않았다. "나는 오랫동안 부처를 섬겨 왔다. 왠지 단번에 내칠 수 없을 것 같은 마음이다."는 대답이 아이에게 돌아가는 것이었다. 그러던 것이 변화의 조짐을 보이기 시작했다. 아내의 반응이 달라지는 것이었다. "마음 끓이지 말고 나한테 맡겨 놓아라."

2003년, 마침내 아내는 성당으로 향했다. 한 해 동안의 교리 공부를 거쳐 2004년 9월 11일, '모니카'라는 세례명으로 새 삶이 시작되었다. '모니카' 성녀(聖女)는 『고백록』으로 유명한 아우구스티누스 성인의 어머니이다. 방탕한 아들의 회심(回心)을 바라고 끊임없이 기도한 끝에 아들을 그리스도교로 개종시켰고, 그 아들은 성인(聖人)이 되었다. '모니카' 또한 큰아이가 권한 이름이다. 아이는 성장 과정이나 성취에 있어서 부모에게 부채(負債) 의식이 상당하다. 이 점에서 모니카 성녀뿐 아니라 아들 성인에 대한 아이의 향심(向心)을 헤아릴 수 있다. 아내도 계속 나아가 2007년 10월 28일에 견진세례를 받았다.

돌아보면, 우리가 스승 예수를 선택하는 것이 아니라 그분께서 끊임없이 우리 영혼의 문을 두드리는 것을 그제야 알아듣고 문을 열어 드리는 것뿐이라는 말이 절실해진다. 큰아이 내외도 아비어미의 입교를 기도로써 간구했다고 하니, 그것 또한 인간이 알지 못하는 섭리로 우리의 영혼을 움직였을 것이다. 신비다.

우리 장차 그분의 얼굴을 뵈올 때에 그분은 우리를 "요한!", "모니카!" 부르시며 따사로운 손을 건네실 것이다.

우리는 순례자

내가 다니는 성당에서 기획한 성지순례에 참가했다. 같은 좌석에 앉아 하루를 함께하게 된 교우는 인사를 나누노라니 다행히 동년배였다. 우리를 실은 버스는 오전 일곱 시 삼십 분에 출발했다. 기도와 여흥 등, 오랜 시간을 무료하지 않게 하는 프로그램이 마련되어 있었다. 세 시간쯤 달렸을까, 마침내 목적지에 닿았다. '미리내 성지'라고 새겨진, 커다란 자연석이 눈에 들어왔다. 행정 구역으로는 경기도 안성이라고 한다.

순교(殉敎)란 신앙을 증거하기 위해 죽음을 당하는 일을 뜻한다. 순교는 단순히 어떤 진리를 위해 죽는 것만을 의미하지 않는다. 참된 그리스도인의 순교는 스승이신 예수 그리스도의 삶에 온전히 일치하고 그것을 본받는 것이며, 그리스도의 구원 사업에 완전히 참여하는 것이다. 그 결과 세상 사람들에게 그리스도의 복음을 증거하게 된다. 실제 죽음을 당해야 하며, 그 죽음이 그리스도교의 신앙과 진리를 증오하는 자에 의해 초래되어야 하며, 그 죽음을 그리스도교의 신앙과 진리를 옹호하기 위해 자발적으로 수용해야 '순교'라고 한다. 그러므로 순교는 가장 소중한 생명을 바쳐서 그리스도를 증거하는 행위이며, 생명의 주인이신 하느님의 존재를 가장 분명하게 드러내는 것이다.

한국 천주교회는 선교사들의 전교(傳敎)에 의해서가 아니라 평신도들의 자발적인 진리 탐구로 신앙을 받아들인, 독특한 역사를 가지고 있다. 또한 한 세기에 걸친 박해로 만 명이 넘는 순교자가 나온 교회이다. 한국 천주교회는 순교자들의 피 위에 세워졌다고 할 수 있다.

'미리내'는 '은하수'의 순우리말이다. 한국 천주교회 초기에 신앙 선조들이 박해를 피해 들어가 여러 곳에서 교우촌(敎友村)을 이루어 위험 속에서도 신앙생활을 이어 갔다. 신자들은 메마른 밭을 일구고 옹기를 구워 팔아 생계를 꾸렸다. 그 지난한 삶 속에서도 아침저녁으로 함께 모여 기도하는 것을 가장 중요한 일로 삼았다. 미리내는 그런 곳 가운데 중부 내륙인 용인과 안성 깊숙이 자리한 초기 비밀 교회 중 한 곳이었다.

미리내 교우촌은 주로 충청도에서 박해를 피해 온 신자들로 형성되었는데, 훗날 김대건 신부의 시신을 옮겨 온 이민식(빈첸시오)의 집안도 조부 때에 이곳으로 이주했다. 미리내 인근에 일찍이 교우촌이 형성되어 굳건한 신앙 공동체를 이루고 있었으므로 순교자 김대건 신부의 시신을 이곳에 안장할 수 있었던 것이라고 한다. 박해가 이어지는 동안 선교사들이 피신하여 우리말과 풍습을 배우고 익히는 장소가 되기도 하고, 1863년 가을에는 칼래(N. A. Calais, 姜니콜라오) 신부가 이곳에 머물면서 파리외방전교회(外方傳敎會) 신학교 교장 신부에게 서한을 작성한 사실이 기록되어 있다. 1866년의 병인박해로 신자들이 피신함으로써 미리내 교우촌은 일시 폐허가 되었다가, 박해가 끝난 뒤에 재건되었다.

미리내 성지는 우리나라의 첫 사제인 김대건 안드레아 성인의 묘소뿐만 아니라 이윤일 요한 성인의 묘소 유지(遺址), 그리고 '16위 무명 순교자의 묘역'이 있는, 거룩한 곳이다. 김대건 신부의 묘역에는 김대건 신부에게 부제품과 사제품을 준 조선교구 제3대 교구장 페레올(Ferreol) 주교, 미리내 초대 본당 신부로 부임하여 1929년까지 삼십삼 년 동안 본당을 지킨 초대 주임 강도영(마르코, 세 번째 한국인 사제 중 한 분) 신부와, 간도 지방 최초의 한국인 사제였던 미리내 본당 제3대 주임 최문식(베드로) 신부의 묘소가 함께하고 있다. 묘역 왼쪽 위편으로는 김대건 신부의 어머니인 고(高)우르술라의 묘소, 그리고 김대건 신부의 시신을 이곳에 안장했던 이민식(빈첸시오)의 묘소가 나란히 자리하고 있다.

김대건 안드레아 신부는 1846년 9월 16일, 극히 짧은 사목(司牧) 활동 끝에 한강 새남터 백사장에서 순교했다. 그의 나이, 만 스물

다섯이었다. 국사범으로 형을 받은 죄수의 시신은 사흘 뒤에 연고자가 찾아가는 것이 관례였으나, 김대건 신부의 경우는 참수된 자리에 시신을 파묻고 파수꾼을 두어 지키게 했다. 교우촌 어른들의 격려를 받은 열일곱 살 청년 이민식은 파수꾼의 눈을 피해 김대건 신부의 시신을 빼내는 데 성공했다. 치명(致命)한 지 사십 일이 지난 1846년 10월 26일이었다. 그는 시신을 가슴에 품고 등에 져 가며 험한 산길로만 백오십 리에 이르는 길을, 그것도 사람의 눈을 피해 밤에만 걸었다. 마침내 닷새째 되는 날인 10월 30일에 미리내에 도착하여 신부님을 무사히 안장할 수 있었다.

아들이 치명한 지 열여덟 해가 지난 1864년 5월 17일, 김대건 신부의 어머니 고(高)우르술라도 선종(善終)했다. 남편 김제준(이냐시오, 순교 성인)과 아들 신부를 하느님께 보내고 문전걸식을 하다시피 한, 실로 눈물겨운 생애였다. 이민식은 고(高)우르술라도 아들, 김대건 신부의 묘소 옆에 나란히 모셔 모자의 영혼을 위로했다. 가히 미리내의 오늘을 있게 한 이민식은 아흔두 살에 세상을 떠 김대건 안드레아 성인 묘역 곁에 묻혔다.

숲길을 한참 걷다 보니 웅장한 건물이 모습을 드러낸다. 1991년 봉헌된 '한국 순교자 103위 시성(諡聖) 기념 성전'이다. 성당과 종탑의 두 부분으로 구성돼 있는데, 성당은 위로 갈수록 피라미드처럼 경사져 있다. 이것은 순례자들의 시선을 위쪽으로 이끌어, 순교로 성인품에 오른 이들을 향한 경모(敬慕)를 자연스레 느끼게 한 것이라 한다. 종탑은 칼날처럼 수직으로 공간을 단절하고 내려서 있어 순교의 이미지를 돋을새김하고 있다. 성당 안의 제대(祭臺)에는 김대건 성인의 종아리뼈가 모셔져 있다. 반 시간쯤 기도드리고 김대건 신부의 묘소를 찾아 참배했다. 그의 신앙을 본받으리라. 그리고 꼭 이곳을 다시 찾으리라.

  돌아오는 차 안에서는 여흥 시간도 있었다. 내 차례가 되어 한 곡 불렀으니, '서울행 급행열차'. 평소에 고요히 성당을 들고나는 노부(老夫)의 노래여서인지 환호가 사뭇 대단했다.

  성(聖)과 속(俗)이 교차한 하루. 무릇 우리의 삶이 그러하지 아니한가. 우리 모두 삶의 순례자인 것을.

| 책끝에 |

감사하는 마음으로 삶의 기쁨을 다른 사람들과 나누고 싶다. 독일 시인, 마티아스 클라우디우스(Matthias Claudius)의 '날마다 노래해'라는 시가 있다. 감사로 이 긴 글을 마무리하기에 안성맞춤인, 참으로 아름다운 노래이다.

내가 하느님께 고마워하고
성탄절 선물을 받은 아이처럼 기뻐하는 까닭은
내가 있기 때문이고, 내가 있기 때문이고,
내게는 당신이, 아름다운 사람의 얼굴을 한 당신이
있기 때문이라
내가 해와 산과 바다와
나뭇잎과 풀잎을 볼 수 있고,
밤마다 별무리 아래서 사랑스런 달빛 아래서
걸을 수 있기 때문이라

그리고 마치 아이들이 성스러운 그리스도에게서

어떤 선물을 받았는지를 와서 볼 때와 같은

그런 기분이 드니 감사하고 기쁜 것이라

아멘!

내가 왕이 되지 않은 것을 감사하며

하느님에게 현악으로 노래를 하는 것은

그랬다면 내가 수많은 아첨을 받았을 것이며

아마도 부패했을 것이기 때문이라

또한 기도할 때 나는

내가 이 땅에서 큰 부자가 아닌 것을

진심으로 감사하며, 또한 그런 사람이 되지 않기를

진심으로 기원한다

부와 명예는 사람을 몰아치고 거만을 떨게 하며

많은 위험을 간직하고 있느니,

그것들이 이전에는 착실했던 많은 이의 마음을

뒤틀어 놓았음을 우리는 알고 있음이라

그리고 모든 소유물은

건강과 수면과 좋은 기분과 같은

많은 것을 허용해 주지만

정작 이것을 만들어 낼 수는 없느니,

그리고 그것들이야말로 정말

정당한 상이며 축복이라

그래서 나는 돈 때문에

나를 학대하지는 않을 것이라

하느님은 오직 그날그날의 삶을 위해

내가 가져야 할 만큼만 주신다

지붕 위의 참새에게도 그만큼을 주시는 하느님,

내게 주시지 않으리?